Ernst von Bertouch

Ahnentafel Ihrer Majestät Augusta Victoria

Kaiserin und Königin des deutschen Reiches und von Preussen

Ernst von Bertouch

Ahnentafel Ihrer Majestät Augusta Victoria
Kaiserin und Königin des deutschen Reiches und von Preussen

ISBN/EAN: 9783743613652

Hergestellt in Europa, USA, Kanada, Australien, Japan

Cover: Foto ©ninafisch / pixelio.de

Manufactured and distributed by brebook publishing software (www.brebook.com)

Ernst von Bertouch

Ahnentafel Ihrer Majestät Augusta Victoria

Ahnentafel

Ihrer Majestät

Augusta Victoria

Kaiserin und Königin des deutschen Reiches und von Preußen.

Mit historisch-genealogischen Erläuterungen

entworfen und verfaßt

von

Ernst von Bertouch.

Kammerherr Sr. Majestät des Deutschen Kaisers und Königs, Geheimer Regierungsrat.

Wiesbaden.
Verlag von Rud. Bechtold & Comp.
1889.

Ihrer Majestät der Kaiserin und Königin

Augusta Victoria

alleruntertänigst

Vorbemerkung.

Zur Verständigung derjenigen, denen genealogische und heraldische Bezeichnungen weniger geläufig sind, dürften einige Erläuterungen zu der vorliegenden Ahnentafel nicht überflüssig sein.

Unter Ahnen versteht man im weiteren Sinne allerdings Vorfahren im allgemeinen, im engeren Sinn aber, welcher hier zur Anwendung kommt, nur die direkten Vorfahren beider Eltern männlichen und weiblichen Geschlechts; also Großeltern, Urgroßeltern, Ururgroßeltern u. s. w. Danach bilden die Eltern 2 Ahnen, die beiderseitigen Großeltern 4 Ahnen, die Urgroßeltern 8 Ahnen, die Ururgroßeltern 16 Ahnen u. s. f. Eine ungleiche Zahl ist dabei mithin unmöglich, auch muß die Steigerung stets eine Verdoppelung der vorhergehenden sein. Bei gegenwärtiger Ahnentafel haben wir uns auf die gewöhnlich vorkommende Aufstellung von 16 Ahnen beschränkt. Die Ordnung derselben auf der Tafel ist einer gefälligeren Form wegen von der herkömmlichen etwas abweichend.

An die Spitze haben wir den Namen Ihrer Majestät der Kaiserin, Augusta Victoria gestellt, deren Eltern, Herzog Friedrich und Adelheid, Prinzessin von Hohenlohe-Langenburg unmittelbar darunter, rechts und links davon (nach heraldischem Brauch im Spiegelbilde, d. h. umgekehrt, weil man sich hinter dem Schilde stehend denkt) die beiderseitigen Eltern derselben; rechts männlicherseits Herzog Christian Karl Friedrich von Schleswig-Holstein-Sonderburg-Augustenburg und Luise Sophie, Gräfin von Dannesskjold-Samsoe; links weiblicherseits Ernst, Fürst von Hohenlohe-Langenburg und Feodora, Prinzessin von Leiningen. Dann folgen die Großeltern der Eltern (Urgroßeltern Ihrer Majestät; rechts männlicherseits Herzog Friedrich Christian von Augustenburg und Luise Auguste, Prinzessin von Dänemark: Christian Konrad Sophus, Graf von Dannesskjold-Samsoe und Johanne Henriette Valentine von Kaas: links weiblicherseits Karl Ludwig, Fürst von Hohenlohe-Langenburg und Amalie, Gräfin von Solms-Baruth: Emich Karl, Fürst von Leiningen und Maria Luise Victoria, Prinzessin von Sachsen-Coburg-Saalfeld; endlich die Urgroßeltern der Eltern (Ururgroßeltern der Kaiserin; rechts männlicherseits Herzog Friedrich Christian von Augustenburg und Charlotte, Prinzessin von Holstein-Plön; Christian VII., König von Dänemark und Karoline Mathilde, Prinzessin von Großbritannien; Friedrich Christian, Graf von Dannestjold-Samsoe und Friederike Luise von Kleist; Friedrich Christian von Kaas und Edele Sophie von Kaas; links weiblicherseits Christian Albrecht Ludwig, Fürst von Hohenlohe-Langenburg und Karoline, Prinzessin von Stolberg-Gadern; Johann Christian II., Graf von Solms-Barnth und Friederike Luise Sophie, Gräfin Reuß-Köstritz; Karl Friedrich Wilhelm, Fürst von Leiningen und Christine Wilhelmine Luise, Gräfin von Solms-Rödelheim; Franz Friedrich Anton, Herzog von Sachsen-Coburg Saalfeld und Auguste, Gräfin Reuß zu Ebersdorf.

Es sind mithin folgende Geschlechter unter den 16 Ahnen Ihrer Majestät der regierenden Kaiserin Augusta Victoria vertreten:

1. die Oldenburger, namentlich in ihrer Abzweigung Schleswig-Holstein Sonderburg-Augustenburg;
2. die Grafen von Dannestjold-Samsoe;
3. die Herren von Kaas;
4. die Herren von Kleist;
5. die Fürsten von Hohenlohe;
6. die Fürsten und Grafen von Leiningen;
7. die Fürsten und Grafen von Solms;
8. die Fürsten und Grafen von Stolberg;
9. die Fürsten und Grafen von Reuß;
10. die Wettiner in ihrer Abzweigung Sachsen-Coburg-Saalfeld.

Die Ahnentafel ist als Schmuck eines aufgeschlagenen Hermelinmantels gedacht, überragt von dem kaiserlichen Purpurbaldachin. Das Schild Ihrer Majestät der Kaiserin ruht auf der Brust des preußischen Adlers, welcher die Kette des schwarzen Adlerordens in den Fängen hält. Jedes andere Schild trägt die ihm zukommende Rangkrone, wobei zu bemerken ist, daß alle oldenburgischen Seitenlinien früher zwar nur das Prädikat „Durchlaucht" (jetzt Hoheit), über ihren Wappen aber stets die dänische Königskrone geführt haben. Die beiden Wahlsprüche, unter denen Preußen groß geworden, zieren den Saum des Hermelins:

„Gott mit uns und Jedem das Seine!"

I.

Abstammung von den Oldenburgern, Hohenzollern, Askaniern, Welfen ꝛc.

Als Prinzessin von Schleswig-Holstein-Sonderburg-Augustenburg ist unsere Kaiserin eine Oldenburg.

Die Oldenburger gehören aber zu den ältesten und vornehmsten Geschlechtern Europas und leiten ihre Abkunft von dem berühmten Sachsenführer wider Karl den Großen, Wittekind, her. Christian Graf von Oldenburg ward 1448 auf den erledigten dänischen Thron gewählt und nach dem Tode seines mütterlichen Oheims, des Grafen Adolf von Schauenburg 1660 auch dessen Nachfolger im Herzogtum Schleswig und in der Grafschaft Holstein, mit Ausnahme des sog. pinnebergischen (oder schauenburgischen) Anteils. Von seinen Söhnen folgte ihm der ältere Johann als König von Dänemark ꝛc. Erst 1490 teilte dieser die erwähnten Nebenlande mit seinem jüngeren Bruder Friedrich. Mit dessen Thronbesteigung im Jahre 1523 kam indes die Regierung der Haupt- und Nebenlande wieder in eine Hand.

Sein Sohn und Nachfolger König Christian III. teilte aber die Nebenlande aufs neue mit seinen Brüdern Johann dem Älteren und Adolf, 1544. Dabei erhielt ersterer den sogenannten haderslebener, letzterer den gottorpischen Anteil. Den sonderburgischen behielt der König. Der vierte Bruder, Friedrich, ward mit dem Domstift Schleswig abgefunden. Johann der Ältere starb 1580 ohne Nachkommenschaft; Friedrich war schon 1556 gestorben. Der Streit, welcher nach seinem Tode zwischen dem König und seinen Brüdern dadurch entstand, daß die beiden Herzöge sich des Domstifts Schleswig gegen den Willen des Königs bemächtigten und ihm auch den Lehnseid dafür verweigerten, und erst 1579 unter König Friedrich II. ausgeglichen ward, gehört nicht hierher. Von weittragender Bedeutung war indes der Umstand, daß dieser König 1564 seinem Bruder Johann dem Jüngeren die Ämter Sonderburg und Norburg, sowie die Insel Arroe überließ, die Stände von Schleswig und Holstein sich aber weigerten, demselben gleich den beiden anderen Herzögen als mitregierendem Herrn zu huldigen, weil sie keine weitere Teilung der Regierungsgewalt im Lande zulassen wollten. Herzog Johann der Jüngere ward daher nur Besitzer des ihm zugeteilten Landes und nicht Mitregent des Ganzen. Als daher 1580 der Herzog Johann der Ältere mit Tod abging, gab es in den Nebenlanden nur zwei regierende Linien, die königliche und die gottorpische. Auf die gewichtigen Folgen dieser staatsrechtlichen Unterscheidung uns weiter einzulassen, liegt außerhalb der Grenzen unserer Aufgabe. Nur soviel sei bemerkt, daß von dem genannten Herzog Adolf von Gottorp alle späteren Gottorper Herzöge, die russischen Kaiser und die Großherzöge von Oldenburg, resp. die Könige von Schweden aus diesem Hause abstammen, während Herzog Johann, der Jüngere, Stammvater ward der zahlreichen sonderburgischen Linien, welche inzwischen sämtlich bis auf die beiden Unterlinien Schleswig-Holstein-Sonderburg-Augustenburg und Schleswig-Holstein-Sonderburg-Beck, jetzt Glücksburg, ausgestorben sind. Letzterer Linie gehört der Prinz Christian von Glücksburg an, welcher kraft des Londoner Vertrages vom 8. Mai 1852 und des dänischen Thronfolgegesetzes vom 3. Juli 1853, am 15. November 1863 den dänischen Thron bestieg; ersterer Ihre Majestät, unsere Allergnädigste Kaiserin.

Weniger allgemein bekannt, als diese Thatsachen dürfte der Umstand sein, daß Kaiser Wilhelm II. nicht der erste Hohenzoller war, welcher eine Fürstin aus diesem Stamme auf unsern Thron erhob.

Kurfürst Joachim I., Nestor, von Brandenburg, vermählte sich nämlich am 10. April 1502 mit der Prinzessin Elisabeth von Dänemark, geboren 1483, gestorben zu Spandau am 11. Juni 1555. Sie war einzige Tochter des Königs Johann, geboren 1455, gestorben 20. Februar 1513, älteren Sohnes des ersten dänischen Königs aus dem Oldenburger Stamme, Christian I., welcher 1448 zur Regierung kam.

Kurfürstin Elisabeth, der große Frömmigkeit und Herzensgüte nachgerühmt wird, hat mit großem Eifer, trotz anfänglichen Widerstrebens ihres Gemahls, zuerst in Brandenburg der Reformation Eingang verschafft. Als nach Beendigung des Krieges von 1864 mit Dänemark die Berechtigung Preußens zur Thronfolge in den Elbherzogtümern von den preußischen Kronjuristen begutachtet ward, knüpften diese an ihren Namen die Rechtsansprüche der Hohenzollern.

Doch auch vier dänische Könige waren mit brandenburgischen Prinzessinnen aus dem Hohenzollernstamme vermählt:

Christian I. mit Dorothea, Tochter Johanns des Alchymisten,
Friedrich I. mit Anna, Tochter des Kurfürsten Johann Cicero,
Christian IV. mit Anna Katharina, Tochter des Kurfürsten Joachim Friedrich und
Christian VI. mit Sophie Magdalena, Tochter des Markgrafen von Brandenburg Culmbach-Weferlingen, Christian Heinrich.

König Friedrich I. von Dänemark, der jüngere Sohn Christians I., ist aber der Stammvater der Kaiserin, sodaß dieselbe außer den Oldenburgern, zwei hohenzollern'sche Prinzessinnen zu ihren Vorfahren zählt, wie dies aus der nachstehenden Linear-Abstammung erhellt:

1. **König Christian I.** († 1481), vermählt mit Dorothea von Brandenburg. — Hohenzollern.
Tochter Johanns des Alchymisten, Markgrafen von Brandenburg.

2. **König Friedrich I.** († 1533), vermählt mit Anna von Brandenburg. — Hohenzollern.
Tochter des Kurfürsten von Brandenburg, Johann Cicero.

3. **König Christian III.** († 1559), vermählt mit Dorothea von Sachsen-Lauenburg. — Askanier.
Tochter des Herzogs Magnus I. von Sachsen-Lauenburg, direktem Nachkommen des ersten Markgrafen von Brandenburg, Albrechts des Bären.

4. **Herzog Johann der Jüngere** († 1622), vermählt mit Elisabeth von Braunschweig Grubenhagen. — Welfen.
Tochter des Herzogs Ernst IV. von Braunschweig-Grubenhagen, direktem Nachkommen des großen Welfenherzogs, Heinrichs des Löwen.

5. **Herzog Alexander** († 1627), vermählt mit Dorothea von Schwarzburg. — Käfernburger.
Tochter des Grafen Johann Günther von Schwarzburg, direktem Nachkommen der alten Grafen von Käfernburg, deren bekannter Stammvater Günther 1196 starb.

6. **Ernst Günther** († 1689), vermählt mit Augusta von Holstein-Glücksburg. — Oldenburger.
Tochter Herzog Philipps, Enkelin Herzog Johanns des Jüngeren.

7. **Friedrich Wilhelm** († 1714), vermählt mit Sophie Amalia, Gräfin von Ahlefeldt. — Ahlefeldt.
Tochter des Grafen Friedrich zu Rixingen, Statthalters der Herzogtümer Schleswig und Holstein, der aus einem Geschlechte stammt, welches schon 1380 dort vorkommt, und daher zu dem holsteinischen Uradel gerechnet wird, obwohl sich dessen Ursprung noch viel weiter zurückführen läßt. Als entferntester Stammvater wird ein Graf Sniggerus von Valkshausen in Schwaben genannt, der mit Bertha, Enkelin des letzten Grafen von Schwabeck vermählt war und darauf sich Graf von Valkshausen und Schwabeck nannte. Sein jüngerer Sohn Konrad hatte zwei Söhne hinterlassen: Hunold und

Sniggerus, von denen letzterer das Geschlecht der Grafen von Balkshausen und Schwabeck fortsetzte, welche im 13. Jahrhundert als erbliche Land- und Schirmvögte der freien Reichsstadt Augsburg vorkommen, aber schon 1230 mit Sniggerus Enkel, dem Grafen Werner, ausstarben. Graf Hunold erbaute sich um 1066 bei dem Städtchen Ahlefeld im Hildesheimischen eine Burg, erwarb darauf diese Stadt und nannte sich darnach „Graf von Ahlefeld". Er wurde der Stammvater aller späteren Ahlefelds (oder Ahlefeldt). Sein Urenkel geriet nicht nur in Streit mit dem Bischof von Hildesheim (Bernhard I., Grafen von Rotenburg), sondern erschlug auch den Grafen Hermann von Wintzenburg und flüchtete deshalb zum dänischen König Svend Grathe, 1153, der ihn mit dem Gute Seegarden in Holstein belehnte. Seitdem führten die Ahlefeldt aber nur den einfachen Adel, bis der obengenannte Statthalter Friedrich für sich und seine Nachkommen am 14. Dezember 1665 in den deutschen Reichsgrafen- und am 7. Mai 1672 in den dänischen Lehnsgrafenstand erhoben ward.

8. Herzog Christian August († 1754), vermählt mit Friederike Luise, Gräfin von Dannestjold-Samsoe. — Dannestjold.

Tochter des Grafen Christian Dannestjold-Gyldenlöwe, natürlichen Sohnes König Christians V. und Ururgroßvaters der Gemahlin König Christians VIII. Karoline Amalie, Prinzessin von Schleswig-Holstein-Sonderburg-Augustenburg. Dem Range nach sind die Dannestjold-Samsoe das vornehmste Grafengeschlecht Dänemarks, insofern denselben das Prädikat Excellenz für alle Mitglieder erblich beigelegt ist, wenn dessen Adel auch nicht über zweihundert Jahre hinausreicht.

9. Herzog Friedrich († 1794), vermählt mit Charlotte Amalie Wilhelmine von Holstein-Plön. — Oldenburger.

Tochter des Herzogs Friedrich Karls von Holstein-Plön, Ururenkels Herzog Johanns des Jüngeren.

10. Herzog Friedrich Christian († 1814), vermählt mit Luise Auguste von Dänemark. — Oldenburger.

Tochter König Christians VII. und Karoline Mathildens, Prinzessin von Großbritannien und Irland.

11. Herzog Christian Karl Friedrich August († 1869), vermählt mit Luise Sophie, Gräfin von Dannestjold-Samsoe. — Dannestjold.

Tochter des Grafen Christian Konrad Sophus von Dannesfjold-Samsoe und der Johanna Henriette Valentine von Kaas.

12. Herzog Friedrich Christian August († 1880), ver-   Hohenlohe.
mählt mit Adelheid, Prinzessin von Hohenlohe-Langenburg.
Tochter des Fürsten Ernst Christian Karl von Hohenlohe-Langenburg und der Prinzessin Feodora von Leiningen.

Ihre Majestät
die Kaiserin und Königin Augusta Victoria.

II.
Abstammung von den Grafen von Danneskjold-Samsoe.

König Christian V. von Dänemark schenkte der Tochter seines Leibarztes Dr. Paul Moth, Sophia Amalia, nachdem er ihr schon früher unter Beibehaltung ihres Familien-Namens den Grafentitel verliehen hatte, die zwischen Jütland und Seeland im Cattegat belegene, etwa zwei ☐ Meilen große Insel Samsoe.

Mittels Patents vom 31. Dezember 1677 erhob er darauf diesen Besitz zu einer Lehnsgrafschaft und die Gräfin Moth zur erblichen Lehnsgräfin von Samsoe.

Diese, nicht nur an Naturerzeugnissen, sondern auch an Naturschönheiten reiche Insel hat ihre eigene Geschichte, von der wir nachstehend das Interessanteste mitteilen.

Auf einem 1215 hier abgehaltenen Reichstage ward der Sohn König Waldemars II. des Siegers, auch Waldemar mit Namen, zum König gewählt.

Um die Mitte des 13. Jahrhunderts war die Insel dem Herzog Albert von Braunschweig verpfändet. Später bildete sie einen Teil der dem natürlichen Sohne des Königs Waldemar II., namens Knud, verliehenen Grafschaft und vererbte noch auf dessen Sohn Erich, worauf sie 1304 mit dessen Tode an die Krone zurückfiel.

König Erich Menved, geb. 1274, † 1319, belehnte 1307 seinen jüngeren Bruder Christoph, geb. 1276, † 1330, mit dieser Insel, in Verbindung mit Halland in Schonen. Als letzterer 1319 seinem Bruder auf dem Throne folgte, errichtete er zu Gunsten des schonen'schen Edelmanns Knud Porse aus Samsoe, Süd-Halland und dem seeländischen Amte Holbäk ein eigenes Herzogtum, welches sein jüngerer Sohn, König Waldemar IV. Atterdag, jedoch wieder einzog.

Nach dem Tode des ersten dänischen Oldenburgers Christian I. ward Samsoe Leibgedinge seiner Witwe Dorothea von Brandenburg, Tochter des Markgrafen Johann des Alchymisten. Der unglückliche König Christian II. erhielt nach seiner Entlassung aus dem sonderburger Schloßgefängnisse die Insel als Lehen, residierte aber in dem seeländischen Schlosse Kallundborg.

Nach Einführung der Souveränität unter König Friedrich III. (1660) war sie kurze Zeit im Besitz des Reichsdrosten Jotum von Gersdorff. Von dessen Nachkommen

Conseils, Ritter vom Elefanten, Großkreuz vom Dannebrog ꝛc., dessen Sohn endlich, der Vater der mit dem Herzog Christian Karl Friedrich August von Augustenburg vermählten Gräfin Luise Sophia, Geheimerat, Kammerherr, Amtmann von Prästoe, Großkreuz vom Dannebrog und Dannebrogsmann, Oberdirektor des von den Grafen von Dannestjold gestifteten Frauenklosters (Damenstifts) Gisselfeldt.

Seine jüngere Tochter Henriette († 1858) hatte sich 1829 mit einem Bruder des Herzogs von Augustenburg, dem Prinzen Friedrich Emil August (genannt: Prinz von Noer) († 1865) vermählt.

Als Wappen führen die Grafen von Dannestjold-Samsoe ein geviertetes Schild mit Mittel- und Herzschild. Feld 1 und 4 sind rot mit einem silbernen Schwan, dessen Hals eine goldene Krone trägt; Feld 2 und 3 sind links von blau-gold schräg geteilt. Im roten Mittelschilde schreiten 2 goldene Löwen über ein silbernes Kreuz. Das rote Herzschild enthält die königliche Namenschiffre C. Den Hauptschild deckt eine sog. Davidskrone, aus der ein halbgekrönter goldener Leopard hervorwächst, der in jeder Tatze drei Dannebrogsfahnen hält. Schildhalter sind, einerseits ein goldener Löwe mit gekröntem Helm und einem Busch von schwarzen Reiherfedern, andererseits ein weißer Elephant, von dem man nur die Vorderseite erblickt.

III.
Abstammung von den Herren von Kleist.

Die Herren von Kleist gehören zu den ältesten, angesehensten und begütertsten Geschlechtern Preußens. Fast in allen Provinzen der Monarchie sind dieselben ansässig, hauptsächlich aber in Pommern und Brandenburg. Über Preußen hinaus finden wir sie u. a. in Sachsen und Curland. Ein Zweig hatte sich in Bayern niedergelassen. Zuerst sollen sie in Pommern aufgetreten sein, wo im Camin'schen Kreise ein Gut ihren Namen trägt, den sie vielleicht ursprünglich davon herleiten. Schon um 1380 werden Prissibur Kleist, Herr zu Muttrin und Dahme und Georg Kleist, Herr zu Dubberow und Tychow genannt. Ein Pribislav Kleist aus dem Hause Muttrin, Stiftskanzler zu Camin, hatte einen Ruf als Gelehrter, Bogislav Kleist ward von Dr. Buggenhagen 1544 zum evangelischen Bischof von Camin vorgeschlagen, Ewald von Kleist, kurbrandenburgischer Geheimerat, Domdechant zu Camin und Präsident der hinterpommer'schen Regierung zu Colberg, vermählt mit einer Gräfin von Mazelrain, ging 1663 nach Bayern, ward katholisch, kurbayrischer Hofrat und 1686 Kriegspräsident. 1722 war dessen Sohn Ewald kurkölnischer Geheimerat, Generallieutenant, Kammerherr und Gouverneur von Rheinberg.

Das Stammwappen der von Kleist ist in silbernem Felde ein roter Balken, über und unter welchem ein roter Fuchs läuft. Helmzier drei nebeneinander stehende Rosen, silbern, rot, silbern, auf denen je mit dem spitzigen Knopfe ein goldener Knebelspieß steckt. Helmdecken rot-silbern.

Mehrere Linien der von Kleist haben Standeserhöhungen erfahren resp. mit Allerhöchster Genehmigung ihren Geschlechtsnamen mit dem anderer Familien verbunden.

A. In den Grafenstand sind erhoben:

I. Linie Kleist von Nollendorf laut Patent vom 3. Juni 1814 für den preußischen General der Infanterie und Regimentschef (später Feldmarschall) Friedrich Heinrich Ferdinand Emil von Kleist, geb. 9. April 1762, † 17. Februar 1823, in Anerkennung seiner Heldenthaten in dem Befreiungskampfe, und unter Verleihung der Domäne Stölterlingenburg bei Halberstadt; für sich und seine Familie.

Wappen: Gevierteter Schild mit dem Stammwappen als Mittelschild. In 1 und 4 in Silber den preußischen schwarzen Adler, aber ohne Szepter und Reichsapfel. 2 und 3 in Gold ein aus zwei Zweigen gebildeter, rot befruchteter, oben offener Lorbeerkranz, vor welchem ein Schwert mit goldenem Griff aufwärts steht. Aus der den Schild deckenden Grafenkrone erheben sich drei mit gräflichen Kronen gezierte Helme. Der rechte Helm trägt den Adler von 1 und 4 nach innen gekehrt, der mittlere die Helmzier der von Kleist, der linke das Bild von 2 und 3. Decke des rechten Helms: silbern und schwarz, des mittleren rot-silbern, des linken golden und grün.

II. Linie Kleist von Loß, laut Patent vom 21. Januar 1823, für den preußischen Major Wilhelm Bogislav von Kleist, wegen seiner Vermählung mit der älteren Tochter des am 7. März 1852 als letzter Graf von Loß verstorbenen Grafen Johann Adolf von Loß, unter Beifügung des Geschlechtsnamens seiner Gemahlin. Besitz: Olbernhain mit Rosenthal, Voltmersdorf ɾc.

Wappen: Schild zweimal der Länge nach und einmal quer geteilt, mithin 6feldrig. 1 und 6 in Silber ein rechtssehender ausgebreiteter, golden gekrönter und bewehrter schwarzer Adler; 2 das von Kleist'sche Stammwappen; 3 und 4 in Blau ein rechtsstreitender silberner Löwe; 5 in Rot ein grüner Frosch, umgeben von einem grünen Lorbeerkranz (von Loß'sches Stammwappen). Über der Grafenkrone stehen 4 mit gräflichen Kronen gezierte Helme. Aus dem rechten erhebt sich der Adler des 1. und 6. Feldes einwärtssehend; auf dem 2. die Helmzier der von Kleist, auf dem 3. das Wappenbild der von Loß des 5. Feldes; auf dem linken Helme wächst der Löwe des 3. und 4. Feldes hervor. Helmdecken des rechten Helmes silbern-schwarz, des zweiten silbern-rot, des dritten rot-grün, des linken blau-silbern. Den Schild hält rechts ein aufwärtsstehender Fuchs, links ein Löwe.

III. Linie Kleist auf Zützen laut Patent vom 20. (15.?) Oktober 1840 (ausgefertigt 1. Juni 1860) für den preußischen Major der Kavallerie Eduard Heinrich Werner von Kleist, Majoratsherrn auf Zützen, Gersdorf, Schentendorf, Segritz, Radetz ɾc., vermählt am 1. Oktober 1827 mit Luise, Gräfin von Hochberg-Fürstenstein, geb. 27. Februar 1804, † 2. Januar 1851, gelegentlich der Huldigung Friedrich Wilhelms IV. zu Berlin, nach dem Rechte der Erstgeburt.

Seine Tochter Marie, geb. 1. Oktober 1828, † 17. Jan. 1883, war 15. Januar 1857 vermählt mit dem Fürsten Hans Heinrich XI. von Pleß, Grafen von Hochberg, Freiherrn von Fürstenberg.

Wappen: das Stammwappen mit dessen Helmzier, beide nur durch eine Grafenkrone ausgezeichnet.

IV. Linie Kleist auf Wendisch-Tychow laut Patent vom 27. August 1869 für den Kammerherrn Heinrich Erdmann Bogislav Ewald von Kleist auf Wendisch-Tychow, Kreis Schlawe, unter ausdrücklicher Beschränkung auf diejen seit dem Jahre 1300 bei der Familie verbliebenen Besitz.

Wappen ist das nur durch Hinzufügung der vorstehend sub III erwähnten gräflichen Abzeichen und zweier auswärts schauender, golden bewehrter roter Greifen als Schildhalter vervollständigte Stammwappen.

B. In den Freiherrnstand sind erhoben resp. als dazu gehörig anerkannt:
I. Im 17. Jahrhundert ein Ewald von Kleist aus einem seitdem erloschenen rheinischen Zweige.
II. Durch Allerhöchste Kabinetsordre vom 30. August 1861 der Premierlieutenant a. D. Karl Heinrich von Kleist zu Görlitz, weil er zu der Linie des Geschlechts gehörte, welche durch Christian Ewald von Kleist, geb. 16. Dezember 1630, nach Kurland kam und dort durch Ukas vom 21. September 1853 als freiherrlich anerkannt ward.

Wappen dieser Linie weicht völlig ab von denen der übrigen und hat sogar das Stammwappen nicht mehr beibehalten. Es zeigt in Blau einen prismatisch gekanteten silbernen Querbalken, auf dessen oberem Rande ein silberner, rechtsgewendeter, golden bewehrter Falke mit rot umsäumtem Häubchen und goldener Krone sitzt, aus welcher drei Federn rot, silbern, rot hervorgehen.

Der Helm trägt den Falken; Helmdecken sind silbern und blau, Schildhalter zwei Falken.

III. Durch Allerhöchste Kabinetsordre vom 13. September 1862 der Landrat des Schweinitzer Kreises, Regierungsbezirks Magdeburg, von Kleist auf Collochau, Fortführung des Freiherrntitels für seine Person.

IV. Sämtliche Mitglieder der Linie von Kleist auf Zützen, welche nicht nach Maßgabe des Patents vom 20. Oktober 1840 als Erstgeborene den Grafentitel führen.

C. Zur Verbindung fremder Geschlechtsnamen mit den ihrigen haben Genehmigung erhalten:
I. Kleist von Bornstedt. Im April 1803 Franz Otto von Kleist: sich Kleist von Bornstedt zu nennen.
II. von Kleist-Rüchel oder Rüchel von Kleist. Im Jahre 1810 der Bruder des vorgenannten: Jakob Friedrich von Kleist, später preußischer Generallieutenant, als Neffe und Adoptivsohn des am 14. Januar 1823 verstorbenen preußischen Generals der Infanterie a. D. Ernst Wilhelm von Rüchel.
III. von Kleist-Retzow. Durch Patent vom 11. Juli 1839 Hans Georg von Kleist, sich Kleist Retzow zu nennen, nachdem mit Wolf Friedrich von Retzow zu Mothlaw am 5. Dezember 1836 der Retzow'sche Mannesstamm erloschen war.

Zu dieser Linie gehörten u. a. der jüngst verstorbene frühere Oberpräsident der Rheinprovinz Hans Hugo von Kleist-Retzow, Herr auf Kreckow und Klein-Krössin im Kreise Belgard und Ferdinand von Kleist-Retzow, preußischer Oberstlieutenant a. D., Erbtüchsenmeister in Hinterpommern, Herr auf Groß-Tychow und Johannisberg im Kreise Belgard und Mothlaw im Kreise Westerhavelland.

An Nachweisen des hohen Ansehens, in welchem die Familie von Kleist von jeher in Deutschland gestanden hat, ist in der That kein Mangel. Ihre Verschwägerung mit den vornehmsten Familien der verschiedensten Länder ist daher auch eine sehr ausgedehnte. Aber nicht allein durch Geburt und großen Landbesitz, der über 15 Quadrat meilen geschätzt wird, sondern auch durch hervorragende Leistungen haben zahlreiche Mitglieder dieses Geschlechts sich ausgezeichnet.

Es würde aber die gewiesene Grenze dieser Erläuterungen zu einer Ahnentafel überschreiten, wollten wir hierauf näher eingehen; wir begnügen uns daher damit, nur einige Beispiele aus ihren Verdiensten um das preußische Heer nachstehend vorzuführen.

Hennig von Kleist starb 1749 als preußischer Generalfeldmarschall; Franz Ulrich von Kleist starb 1757 an den bei Lobositz erhaltenen Wunden als Generallientenant: Friedrich Wilhelm Gottlieb Arndt von Kleist starb 1767 als Chef eines Husaren= regiments; Hans Kaspar von Kleist fiel am 4. Juni 1745 in der Schlacht bei Hohenfriedberg als Kommandeur eines Grenadierbataillons; Joachim Erdmann von Kleist fiel am 15. Dezember 1745 in der Schlacht bei Kesselsdorf als Kommandeur eines Grenadierbataillons; Georg Friedrich von Kleist, Generalmajor, ward am 18. Juni 1757 bei Kollin schwer verwundet und fiel am 22. November 1757 in einem Treffen bei Breslau; Ewald Christian von Kleist, der bekannte Dichter, starb 1759 an den bei Kunersdorf erhaltenen Wunden; Franz Kasimir von Kleist, Sohn des oben= genannten Franz Ulrich, war preußischer General und hat sich als Gouverneur von Magdeburg hohen Ruhm erworben; er starb 1810. Friedrich Heinrich Ferdinand Emil von Kleist, geb. 9. April 1762, † als preußischer Feldmarschall 17. Februar 1823, ward, wie wir oben sehen, am 3. Juni 1814 wegen seiner Heldenthaten im Be= freiungskampfe mit dem Namen von Kleist=Nollendorf in den Grafenstand erhoben.

Ein Mitglied dieses alten Geschlechts zählt auch unsere Kaiserin zu ihren Vor= fahren, indem eine Friederike Luise von Kleist, geb. 27. März 1747, † 25. Mai 1814, sich am 1. Juli 1771 mit Allerhöchstihrem Ururgroßvater Friedrich Christian, Grafen von Danneskjold=Samsoe, geb. 5. Juni 1722, † 26. März 1778, vermählte, aus welcher Ehe hervorging Christian Konrad Graf von Danneskjold=Samsoe, † 1823, Vater der Luise Sophia, Gräfin von Danneskjold=Samsoe, welche sich am 18. September 1830 mit Herzog Christian von Augustenburg, † 1869, vermählte, Vater des Herzogs Friedrich von Schleswig=Holstein=Sonderburg=Augustenburg, † 1880 und mithin Großvater Ihrer Majestät der Kaiserin=Königin Augusta Victoria.

IV.

Abstammung von den Herren von Kaas.

Es ist gewiß ein Zeichen hohen Ansehens eines Geschlechts, wenn verschiedene Länder sich dessen Ursprung streitig machen. Hierzu gehören die Kaas.

von Pritzbuer „Ind. nobil Megapol" S. 24 hält die dänische Familie von Kaas oder Kaaß, wie dieselbe, unter Hinweglassung des von, sich nach altdänischem Herkommen gewöhnlich schrieb, für identisch mit der im 13. Jahrhundert im Mecklenburgischen vorkommenden von Koß, deren Name in Dänemark nach dortiger Aussprache in Kaas verwandelt sei. Bei der völligen Verschiedenheit der Wappen beider Familien, halten wir dies nicht für wahrscheinlich, obwohl auch die beiden notorisch einem Stamme entwachsenen Zweige der dänischen Kaas abweichende Wappen führen, sodaß immerhin die Möglichkeit solchen Zusammenhanges nicht ausgeschlossen erscheint.

Die mecklenburgischen von Koß führen nämlich in Rot einen silbernen Querbalken belegt mit 14, 7 und 7, roten Blutstropfen oder Flämmchen.

In Dänemark unterschied man nach ihren Wappen früher die Mauer- und Sparren-Kaas. Erstere, welche noch blühen, führen in Silber eine rote, mauerartige Schrägteilung mit drei Zinnen; letztere, welche erloschen sind, einen roten Sparren in Silber. Größere Ähnlichkeit besteht schon zwischen dem dänischen Mauer-Wappen und dem Wappen des alten preußischen Landesrittergeschlechtes von Koß, in welchem lediglich eine Schrägrechtsteilung von Rot und Silber vorkommt.

Nach von Ledebur, I. S. 468 und 69 war ein Johann von Koß 1643 Kastellan der Marienburg und 1668 Wojwode von Kulm, von dessen Söhnen der ältere Josef Andreas († 1707) Wojwode von Smolensk und der jüngere, Johann III. († 1713) Wojwode von Livland, später Bischof von Kulm, während ein Johann III. am 20. Oktober 1756 als Kastellan von Kulm starb. cf. Kneschkes Adelslexikon.

Nur dem Klange nach den dänischen Kaas fast noch ähnlicher waren die pommerschen von Koß, insofern sie sich später auch von Kauß schrieben. Sie führten aber in Blau zwei miteinander ringende weiße Windhunde. von Zedlitz, Adelslexikon III. S. 161, ist der Ansicht, daß sie ursprünglich auch aus Mecklenburg stammten und so wäre es doch denkbar, daß sie mit den obengenannten mecklenburgischen von Koß eines

Stammes sein könnten, da Wappenunterschiede hierfür zwar gewichtige, aber doch nicht immer entscheidende Kennzeichen sind. von Krogh: „Danske Majorater" S. 233, teilt uns mit, daß die meisten älteren Genealogen, die er indes nicht namhaft macht, die Familie Kaas mit der etwas abweichenden Schreibweise von Kaaß, zu dem alten Adel der Elbherzogtümer rechnen, von wo sie nach Dänemark gekommen sei. Dies müßte jedenfalls sehr früh gewesen sein; denn schon 1278 starb dort ein gewisser Jens Kaas als Herr des alten Rittersitzes „Kaas" auf der Limfjord Halbinsel „Salling" im nordwestlichsten Teile des Jütländischen Amtes Viborg.

Dieser Jens Kaas war vermählt mit Maren Lövenball und muß unbedingt zum alten Adel Dänemarks gerechnet werden. Im dritten Gliede nach Jens Kaas teilte die Familie sich schon in zwei Linien, welche sich, wie bemerkt, nach ihren verschiedenen Wappen: Sparren- und Mauer-Kaas nannten.

Das älteste bekannte Stammhaus der Sparren-Kaas, denen u. a. Erich Kaas 1512 Bischof von Viborg, und der berühmte Reichskanzler Niels Kaas, geb. 1535, † 1594 angehörte, war das Rittergut Storupgaard, nicht weit vom östlichen Ufer des Stive Fjord im Amte Viborg. An die Familie Kaas gelangte es durch Heirat.

Ein Jens Nielsen Sparren-Kaas, † 1489, vermählte sich mit Edel Saltensee (aus einem vor Jahrhunderten ausgestorbenen Geschlechte), einer Tochter des Ibsen Saltensee, Besitzers von Storupgaard und der Ide Juul (aus einem noch blühenden dänischen Adelsgeschlechte, das seine Ahnen auf einen Niels Juul zurückführt, welcher 1286 lebte, [Wappen: eine weiße Lilie in blauem Felde] und dessen Nachkommen am 15. Dezember 1679 in den Freiherrnstand erhoben wurden,) und bekam mit der Frau das Gut. Er vererbte es zunächst an seinen Sohn, den Landrichter Niels Kaas, welcher 1535 starb und mehrere Kinder hinterließ. Sein ältester Sohn, Björn Kaas, dänischer Reichsrat, vermählt mit Christenze Rotfeld, bekam Storupgaard. Er riß die alten Wohngebäude nieder und ersetzte sie durch neue, welche so stark aufgeführt wurden, daß sie sich größtenteils noch bis auf die Gegenwart erhalten haben. König Friedrich II. von Dänemark verlieh ihm 1564 eigene Gerichtsbarkeit. Er starb 1581 und hinterließ das Gut seinem Sohne Niels, der zwar mit einer Brigitte Rosenkrantz (zum dänischen Uradel gehörig und abstammend von Johann Nielsen [=Niels Sohn] von Hevringholm, welcher 1361 lebte. Heraldisch merkwürdig erscheint, daß der offenbar später angenommene Zuname Rosenkrantz im Wappen selbst keine Andeutung findet, aber als Helmzier in einem Kranz aus roten und silbernen Rosen versinnbildet ist) vermählt war, aber keine ehelichen Nachkommen hinterließ, weshalb das Gut später an den Enkel seiner Vatersschwester Anna, vermählt mit Albert Rostrup, fiel, der ein Sohn war von des letzteren Tochter Karen und deren Gemahl Franz Juul zu Meilgaard.

Der Landrichter Niels Kaas hatte aber außer Björn noch zwei jüngere Söhne hinterlassen, von denen der berühmte Reichskanzler, nach dem Tode des Vaters, 1535 geb., der jüngste war. Der Sohn des mittleren hieß Gjord und war in kinderloser Ehe mit Emmegard Gyldenstjerne vermählt. Als derselbe nach dem Tode seines Vetters Niels Kaas von Storupgaard zu dessen Witwe in ein unerlaubtes Verhältnis trat, welches die Geburt des sog. „unächten Niels Kaas" (cf. Hofmanns Esterratungen am dauste Adelsstand) zur Folge hatte, ließ seine Frau sich 1602 von ihm scheiden.

Der jüngste Sohn des Landrichters Niels Kaas war, wie bemerkt, der Reichskanzler Niels Kaas. Derselbe hatte Taarupgaard (Torupgard) nach dem Vorbesitzer Magnus Kaas (lebte 1541) erworben. Da er aber unvermählt starb, vererbte dieses Gut zunächst an seinen Neffen Gjord Kaas. Später kam es an Iver Juul.

Dieser Niels Kaas, welcher schon bei verschiedenen Gelegenheiten sich durch große Befähigung zu Staatsgeschäften ausgezeichnet hatte und unter anderem zu den dänischen Reichsräten gehörte, welche 1568 in Roeskilde mit den schwedischen Abgesandten zusammentraten, um über die Friedensbedingungen mit Schweden zu verhandeln, ward beim Rücktritt des bisherigen Kanzlers Friis am 17. Mai 1573 auf Vorschlag des alten Reichshofmeisters Peder Oxe (aus altem fränkischen Geschlechte, welches mit König Christoph II. von Bayern nach Dänemark gekommen war) von König Friedrich II. zum Reichskanzler ernannt. Nach dem am 24. Oktober 1575 erfolgten Tode seines Gönners, ward der einflußreiche Reichshofmeisterposten, mit welchem die oberste Finanzverwaltung des Landes verbunden war, nicht wieder besetzt (bis 1595), dessen Amtsfunktionen aber gleichfalls vom Reichskanzler Kaas übernommen und dieser dadurch der mächtigste Mann in Dänemark, was er zum großen Segen für das Land geltend zu machen verstand. Mehr als 20 Jahre bis zu seinem Tode (1594) leitete er mit großer Staatsklugheit, Uneigennützigkeit und Treue gegen seinen königlichen Herrn, namentlich die auswärtige Politik seines Vaterlandes.

Er lebte in einer Zeit, wo dem Könige nur eine, durch den Reichsrat, den Repräsentanten des Grundadels, sehr beschränkte Macht zustand. Gleichwohl verstand er es, die natürlichen Konflikte, welche hieraus hervorgehen mußten, mit vielem Geschick zu beseitigen und sich dabei das Vertrauen beider Machtfaktoren zu erhalten. Dies bewährte sich namentlich auch, als König Friedrich II. am 4. April 1588 mit Tode abging und nur einen elfjährigen Sohn, Christian IV. hinterließ. Einerseits beanspruchte nämlich die Königin Mutter, Sophia von Mecklenburg, mit einiger Billigkeit die Übernahme der Regentschaft, während der Minderjährigkeit des Königs, da ein bestimmtes Gesetz dem nicht entgegenstand, und sie sich dabei auf altes Herkommen beziehen konnte. Andererseits wollte aber der herrschsüchtige Reichsrat um so weniger die Macht aus den Händen geben, als er die mit Verstand gepaarte Energie der noch jugendlichen Königin fürchtete. Bei der Hartnäckigkeit beider Parteien standen gefährliche Wirren aus diesem Streite in Aussicht. Da gelang es der Beredsamkeit des weisen Reichskanzlers die Königin zu bewegen, ihre Ansprüche aufzugeben, gleichzeitig aber die Wahl des sog. Regentschaftsrates auf solche Männer zu leiten, welche dabei weniger ihr eigenes, als das Staatsinteresse im Auge behielten. Das vornehmste und eigentlich maßgebende Mitglied desselben blieb er aber selbst. Rührend war das Verhältnis des Reichskanzlers zum jungen Könige, der mit kindlicher Liebe an ihm hing und noch an seinem Sterbebette dessen staatskluge Ratschläge entgegennahm, welche ihn zu Dänemarks größten Könige machten.

Der Reichskanzler starb am 28. Mai 1594.

Nach v. Krogh „Danske Majorater" sind die Sparren-Kaas am 6. Juli 1778 ausgestorben mit dem General Otto Detlev Kaas zu Nedergaard, geb. 14. Juli 1719, einem Sohne des Otto Kaas zu Holmegaard und Lytkesholm und der Hilleborg Steensen. Nach Kneschtes „Adelslexikon" scheint aber ein Zweig dieser Familie nach Preußen gekommen zu sein; denn er berichtet, daß in neuerer Zeit zu dem dortigen Adel ein von Kaas gehört habe, welcher das erwähnte Sparren-Wappen führte und 1845 Postmeister zu Haynau in Schlesien war, sowie ein zweiter, welcher 1855 zu Breslau die Stelle eines Ökonomie-Kommissarius einnahm. Wenn er gerade des Sparren-Wappens wegen deren Zusammenhang mit den dänischen Kaas bezweifelt, so liegt dies lediglich darin, daß er nur die noch blühende Linie der Mauer-Kaas in Dänemark gekannt hat. Andererseits könnte man in diesem Vorkommen von Sparren-Kaas in Preußen ebensogut eine Bestätigung der Annahme finden, daß die Kaas kein ursprünglich dänisches Geschlecht, sondern im frühen Mittelalter aus Deutschland nach Dänemark eingewandert seien.

Diesen Otto Detlev Kaas, welcher sich am 15. Juli 1745 mit Sophie Dorothea von Eickstädt, Tochter des 1718 verstorbenen Generalmajors a. D. Valentin von Eickstädt und der Edele Katharina Kaas zu Raunstrup († 1741) vermählte, adoptierte der Besitzer des halben Gutes Nedergaard, Generalmajor Christian Banner Kaas († 1745), vermählt mit Sophie Charlotte Brockdorff, der Witwe seines Bruders, Besitzers der anderen Hälfte von Nedergaard, Rudbek Kaas, und setzte ihn auf seinen halben Anteil, mit dem Wunsche, zum Erben ein, daß er nach dem Tode seiner Wittwe bemüht sein möge, auch die andere Hälfte des Gutes an sich zu bringen. Diesen Wunsch erfüllte Otto Detlev Kaas nach deren 1768 erfülltem Ableben und errichtete darauf durch testamentarische Bestimmung vom 25. März 1775 das Stammhaus Nedergaard für seine Tochter Edele Sophie Kaas, deren Gemahl Frederik Christian Kaas, von der Linie der „Mauer-Kaas" und deren Nachkommen.

Frederik Christian Kaas, geb. 1. Februar 1727, † 28. März 1804, dänischer Admiral und Kammerherr, Ritter des Elefanten-Ordens, Großkreuz vom Dannebrog und Dannebrogsmann, ist aber der auf der Ahnentafel aufgeführte Ururgroßvater Ihrer Majestät der Kaiserin.

Sein Vater war der Admiral und Stiftsamtmann von Bergen in Norwegen, Ulrik Kaas, geb. 1677, † 1746; seine Mutter Mette Matthiesen, geb. 1694, † 1770 Tochter des Küsters an der Trinitatiskirche zu Kopenhagen, Sören Matthiesen, geb. 1653, † 1740 und der Maren Nielsdatter Banner, geb. 1670, † 1719.

Dieser entfernten Abstammung Ihrer Majestät der Kaiserin geschah vor einiger Zeit in vielen der gelesensten Tagesblätter in einer Weise Erwähnung, welche leicht zu Mißverständnissen Anlaß geben könnte. Wir wollen zur Ehre des Referenten annehmen, daß er sich dessen dabei nicht bewußt war und nur erklärend bemerken, daß Heiraten zwischen Adeligen und Bürgerlichen in Dänemark sehr häufig vorkommen und in keinem Gesellschaftskreise Anstoß erregen, wenn nur die Bildungsstufe mit den Ansprüchen der Lebensstellung übereinstimmen. Dies läßt sich aber in dem vorliegenden Falle unbedingt voraussetzen. Zunächst war nämlich die Stellung eines Küsters an der damals vornehmsten Kirche Kopenhagens in jener Zeit eine keineswegs unangesehene, was schon daraus hervorgeht, daß damit die eines königlichen Pagenmeisters und Rechnungsführers verbunden war, welche sowohl ein nicht zu geringes Maß von Kenntnissen, wie von gesellschaftlichen Umgangsformen bedingte. Dazu kam aber, daß dieser Küster Matthiesen mit einer Banner aus dem schon anfangs des 15. Jahrhunderts in Dänemark in großem Ansehen stehenden, aber weit älteren Adelsgeschlechte, vermählt war, welches schon vordem in vielfachen Verwandtschaftsbeziehungen zu den von Kaas stand. Schon hierin könnte die auch unter anderen Umständen nicht auffällig erscheinende Verbindung des Admirals von Kaas mit der ihm vielleicht schon nahe verwandten Mette Matthiesen eine durchaus natürliche Erklärung finden.

Eine Tochter des obengenannten Frederik Christian Kaas und der Edele Sophie Kaas war Johanna Henriette Kaas, geb. 1776, † 1843, welche sich 1795 mit dem Grafen Christian Konrad Sophus von Dannesskjold-Samsoe vermählte, deren Enkelin Ihre Majestät die Kaiserin ist.

Hinsichtlich der weiteren Stammfolge dieses Zweiges der Mauer-Kaas verweisen wir auf das wiederholt angeführte Werk des von Krogh: „Danske Majorater" 236, 37 und die weitere Ausführung in Hjort Lorenzens „Danmarks Adels Aarbog", welche mit einem Urenkel von Frederik Christian Kaas, namens Gebhard Valentin Kaas, beginnt.

Hieraus ersehen wir u. a., daß mit den beiden Söhnen eines Erik Kaas zu Gjelsskov, Amts Nyborg, auf der Insel Fühnen († 1556): Anders († 1599) und Hermann, die Mauer-Kaas sich in zwei Unterlinien spalteten, die dänische und norwegische, welch letztere infolge eines Patentes vom Jahre 1848 sich die Erlaubnis ausgewirkt hat, sich „Munthe-Kaas" zu nennen.

V.

Abstammung von den Fürsten von Hohenlohe.

Daß die Hohenlohe ihre Abkunft von den fränkischen Herzogen herleiten und in Hermann, dem Durchlauchtigen, ihren Stammvater verehren, steht fest, sowie auch, daß dieser gleichen Stammes mit den salischen Kaisern war. Weniger sicher ist dagegen die ältere Stammfolge. Wir müssen uns dabei an allgemeine Thatsachen halten, welche auch genügendes darbieten, um daraus die hohe Abstammung des vornehmen Geschlechts zu erkennen.

Hermann, der Durchlauchtige, war der zweite Gemahl der Adelheid, Gräfin vom Elsaß, deren erster, Heinrich, Graf von Franken, 997 starb, aus welcher Ehe der deutsche König Konrad II. hervorging. Sie war eine Tochter Eberhards IV., Gaugrafen vom Nieder-Elsaß (dem sog. Nordgou), starb 1037, und hinterließ von ihrem zweiten Gemahl drei Söhne: Gebhard IV., von 1089—1106 Bischof von Regensburg, Siegfried, welcher kinderlos verstarb, und Eberhard, der die Stammreihe fortsetzte. Unter der Menge von Schlössern und Gütern, welche ihm zufielen, wählte er die Burg Holloch, später Hohenlohe genannt, zu seiner Residenz. Sie lag bei Uffenheim im fränkischen Gollochgau. Eberhards Sohn: Eberhard, stand hoch in Gunst bei Kaiser Heinrich IV. und beteiligte sich an dessen Feldzuge gegen Papst Gregor VII. Dafür beschenkte ihn der Kaiser mit mehreren italienischen Herrschaften, worunter Blandrate.

Nach einer anderen Angabe, welche übrigens mit der vorstehenden nicht eigentlich im Widerspruch steht, war ein Eberhard 912—939 Herzog von Franken, Bruder des deutschen Königs Konrad I. und Sohn eines Gaugrafen Konrad, im Oberlahngau († 905), Stammvater der Hohenlohe. Der Zeit nach könnte dieser Eberhard sehr wohl Vater Hermanns des Durchlauchtigen gewesen sein, mit welchem Adelheid vom Elsaß in zweiter Ehe vermählt war, und die jene genannten Söhne Gebhard, Siegfried und Eberhard hinterließ.

Erst seit 1178 nahm das Geschlecht seinen jetzigen Namen von der Stammburg Holloch (Hohenlohe) an. Die erste Linienteilung desselben in die Weiccardsheim'sche nach dem Schlosse Weiccards oder Weikersheim (östlich von Mergentheim), welche schon gegen Ende des 12. Jahrhunderts mit Gottfried II. (von 1197—1198) Bischof von Würzburg, wieder erlosch und in die Uffenheim-Speckfeld'sche, die auch nur von kurzer Dauer war, hat ihres kurzen Bestandes wegen wenig Bedeutung. Die Stammfolge wird aber schon sicher mit Heinrich Hohenlohe, der zwischen 1192 und 1209 urkundlich vorkommt und zwei Söhne hinterließ, von denen alle späteren Hohenlohe abstammen.

Es war die glänzende Zeit der Hohenstaufen mit allen ihren Fehlern und Vorzügen, in welcher diese Brüder lebten. Sie waren gewiß deutsche Männer und Dynasten im wahren Sinne des Wortes, aber zugleich treue Vasallen Kaiser Friedrichs II., dessen Hauptinteresse und Neigungen in Italien lagen und der ihre Dienste mit italienischen Grafschaften, Gottfried 1221 mit Romagniola, Konrad 1229 mit Molese, belohnte. Da schon ihr Ahnherr Eberhard von Kaiser Heinrich IV. mit verschiedenen italienischen Herrschaften, unter denen Blandrate, belehnt war, lag die Gefahr nahe, daß auch sie ihrem wahren Vaterlande entfremdet werden möchten. Man kann es daher nicht als ein Unglück betrachten, daß diese italienischen Besitzungen ihnen bald wieder verloren gingen und sie wider Willen genötigt wurden, sich wieder ganz ihren deutschen Besitzungen zu widmen.

Deren gemeinschaftliche Verwaltung hatte inzwischen zu Streitigkeiten zwischen Gottfried und Konrad geführt. Zu deren Schlichtung schlossen sie einen Teilungsvergleich. Danach bekam ersterer die eine Hälfte derselben mit der Burg Hohenlohe, wozu er 1234 noch Langenburg erwarb; letzterer die andere Hälfte mit dem Schlosse Brauneck (bei Kreglingen nordwestlich von Rothenburg belegene Burg).

Gottfried, welcher von 1219—1255 regierte, hinterließ zwei Söhne Kraft I. († 1313) und Albrecht I. († 1271), die sich in den väterlichen Anteil teilten und die Unterlinien Weikersheim und Uffenheim (Speckfeld) stifteten.

Konrad (von 1219—1249) hatte auch zwei Söhne: Heinrich († 1268) und Gottfried I. († 1273), von denen die Unterlinien Jagstberg (mit dem Schlosse Haltenbergstetten als Wohnsitz) und Neu-Brauneck (mit dem Schlosse Brauneck) ausgingen. Erstere Linie erlosch 1381 mit Ulrich IV., letztere 1390 mit Konrad IV., welcher kurze Zeit den ganzen Brauneck'schen Hauptanteil wieder vereinigt hatte. Er hinterließ aber nur eine Tochter, Margareta, welche zuerst in kinderloser Ehe mit einem Grafen von Schwarzburg vermählt war, und dann Johann II., Hardegg, Burggrafen von Magdeburg († 1417) heiratete, dem sie ganz Brauneck zubrachte. Dessen Sohn Michael (nicht Johann III.) († 1483) verkaufte es 1448 an den Markgrafen Albrecht von Brandenburg-Ansbach.

Die von Albrecht I. († 1271) gestiftete Uffenheim-Speckfeld'sche Unterlinie mit dem Wohnsitz Entsee, welche den östlichsten Teil der Besitzungen erhalten hatte, erlosch 1412 mit Johann, nachdem schon dessen Vater Gottfried II. die ihm zugefallene Burg Hohenlohe 1378 an Friedrich V. von Hohenzollern, Burggrafen von Nürnberg (1357—1397) verkauft hatte. So blühte nur noch die von Kraft I. († 1313) gestiftete Weikersheim'sche Linie. Er hatte bei der Teilung die an der Tauber, der Jagst, dem Kocher und der Ohr gelegenen Vesten, Schlösser und Ämter erhalten, außerdem aber von Friedrich dem Schönen von Österreich, zu dessen Partei er sich hielt, die

Burg Geilnau, die Stadt Crailsheim und das Dorf Hohnhardt; was aber viel wichtiger war, für eine Verschreibung von 1500 Mark Silber, die Verpfändung an der Reichsstadt und dem Schlosse Rothenburg an der Tauber. Auch sein Sohn Kraft III. († 1377) war noch ein tüchtiger „Mehrer" des kleinen Reiches.

Nun drohte demselben aber eine große Gefahr. Kraft III. hatte nämlich sieben Söhne hinterlassen, von denen nach damaligem Herkommen alle hinsichtlich der Teilung des väterlichen Erbes gleichberechtigt waren. Zwar einigten sie sich anfänglich dahin, daß die Besitzungen nur zwischen den beiden ältesten, Gottfried und Kraft IV. geteilt und die übrigen mit einer Leibrente abgefunden werden sollten, Gottfried hatte aber keine Freude an der Regierung und überließ seinen Anteil zwei jüngeren Brüdern Ulrich und Friedrich, welche sehr verschwenderisch gewesen sein sollen. Glücklicherweise starben aber alle Brüder, ohne Erben zu hinterlassen, mit Ausnahme von dem jüngsten, Albrecht, welcher den ganzen väterlichen Anteil wieder zusammenbrachte und noch wesentlich vergrößerte. Auch politisch spielte derselbe keine unbedeutende Rolle. König Sigismund ernannte ihn zu seinem Rat und nahm ihn mit nach Konstanz zum Konzil. Albrecht starb am 10. Juni 1429, nachdem er eine Verordnung erlassen, daß künftig der Lehenhof beständig unverteilt und gemeinsam bleiben und dem Ältesten des Hauses allein dessen Verwaltung zustehen solle.

Seine beiden Söhne Kraft V. und Albrecht regierten anfänglich gemeinschaftlich, teilten aber 1455 die Herrschaft und als ersterer 1472 mit Tod abging, fand 1476 eine nochmalige Teilung hinsichtlich seines Anteils zwischen seinen Söhnen Kraft VI. und Gottfried, statt.

Nun bestanden wieder zwei Linien. Kraft VI. hatte außer Waldenburg, Oehretthal 2c. die Hälfte von Schillingsfürst, Weikersheim u. s. w., Gottfried davon die andere Hälfte erhalten. Des Oheims Anteil hatten sie gleichmäßig geteilt.

Gottfrieds Linie starb zuerst aus. Er selbst starb 1497, sein Sohn Johannes 1509, dessen Sohn Wolfgang, welcher die Reformation in seinem Landesteile eingeführt hat, 1545; worauf der Gottfried'sche Anteil wieder an die Kraft'sche Linie kam.

Kraft VI., † 1503. Er hatte seine Besitzungen ansehnlich vermehrt. Schon gleich nach seinem Tode einigten sich seine Söhne dahin, daß zwei von ihnen, Albrecht und Georg, die Regierung führen sollten. 1511 ward das bekannte, noch gegenwärtig gültige hohenlohe'sche Hausgesetz (die sog. Erbvereinigung) errichtet, um in Zukunft gefährlichen Landeszerstückelungen und Abhändigung bei Heiraten vorzubeugen. Darauf teilten sie das Land in zwei Teile, wobei Albrecht Langenburg, Ingelfingen, Neustein u. s. w., Georg Waldenburg, Pfadelbach, Bartinstein u. s. w. erhielt, Öhringen aber gemeinschaftlich blieb.

Georg starb am 16. März 1551, unter Hinterlassung dreier Söhne: Ludwig Casimir, Eberhard und Georg; Albrecht am 19. August 1551 kinderlos. Neu errichteten seine drei Neffen 1553 eine Grundteilung sämtlicher ihnen zugefallenen hohenlohe'schen Besitzungen, welche aber, da Georg schon 1554 starb, nur in zwei Teile zerfielen.

Hiervon erhielt Ludwig Casimir († 1558) als der ältere, den neuenstein'schen, Eberhard († 1570) den waldenburg'schen Anteil.

I. Hauptlinie Neuenstein.

Nur Ludwig Casimirs Sohn Wolfgang († 1610) blieb noch im ungeteilten Besitz des väterlichen Erbes. Schon dessen Söhne Kraft († 1641) und Philipp Ernst († 1628) teilten wieder dasselbe. Hierdurch entstanden die Linien Öhringen und Langenburg. Erstere erlosch 1805 mit Krafts Urenkel Karl, dessen Vater am 7. Januar 1764 die Fürstenwürde erlangt hatte. Philipp Ernsts Sohn, Heinrich Friedrich († 1699) erbte 1631 infolge einer Erbverbrüderung die Grafschaft Gleichen im Sachsen-Coburg-Gotha'schen Amte Ohrdruf. Dessen Söhne Albrecht Wolfgang († 1715), Christian Kraft († 1743) und Friedrich Eberhard († 1737), teilten das Land und gründeten die Speziallinien Langenburg, Ingelfingen und Kirchberg.

1. Speziallinie Langenburg.

Albrecht, Wolfgangs Sohn Ludwig († 1765) ward Fürst am 7. Januar 1764. Ihm folgten vom Vater auf Sohn die Fürsten: Christian († 1789), Karl († 1825), Ernst Christian Karl, geb. 7. Mai 1794, † 12. April 1860. Hermann Ernst Franz Bernhard (als zweiter Sohn), geb. 31. August 1832. Dessen Schwester Prinzessin Adelheid Victoria Amalie Luise Marie Konstanze, geb. 20. Juli 1835, vermählt 11. September 1856 mit Friedrich Christian August, Herzog von Schleswig-Holstein-Sonderburg-Augustenburg, geb. 6. Juli 1829, † 14. Januar 1880, Vater Ihrer Majestät der Kaiserin Augusta Victoria Friederike Luise Feodore Jenny, geb. 22. Oktober 1858, vermählt 27. Februar 1881 mit Seiner Majestät Kaiser Wilhelm II., damaligem Prinzen von Preußen.

2. Speziallinie Ingelfingen.

Christian Krafts Sohn Philipp († 1781 kinderlos) ward Fürst am 7. Januar 1764. Sein Bruder Heinrich August († 1796) erbte Regierung und Land. Dessen Sohn Friedrich Ludwig († 1818) verzichtete 1806 zu Gunsten seiner Söhne August († 1853) und Adolf († 1873), welche sich derartig in den Besitz teilten, daß ersterer Öhringen, letzterer Ingelfingen erhielt, wodurch zwei neue Unterlinien entstanden.

a. Unterlinie Öhringen.
Sitz: Slawentzitz (Kreis Cosel, Oberschlesien).

August von Öhringen verzichtete 1849 zu Gunsten seines Sohnes Hugo, nachdem dessen älterer Bruder Friedrich bereits am 22. August 1842 in einem Familienvertrage das Erstgeburtsrecht an diesen abgetreten, und Prinz Hugo bekam am 18. Oktober 1861 von König Friedrich Wilhelm IV. den Titel eines Herzogs von Ujest.

b. Unterlinie Ingelfingen.
Sitz: Koschentin (Kreis Lublinitz, Oberschlesien).

Adolf von Ingelfingens Sohn, Prinz Karl Adalbert Konstantin Heinrich, geb. 19. November 1820, ist gegenwärtig Chef dieser Spezialunterlinie.

3. Speziallinie Kirchberg.
Sitz: Kirchberg a. d. Jagst, Würtemberg.

Friedrich Eberhards von Kirchberg Sohn Christian August († 1767) ward gleichfalls Fürst am 7. Januar 1764. Mit dem Sohne seines zweiten Sohnes Friedrich Karl († 1836) dem Fürsten Karl Friedrich Ludwig Heinrich geb. 2. Nov. 1780 erlosch 1863 die Speziallinie Kirchberg.

II. Hauptlinie Waldenburg.

Diese Linie blieb drei Generationen hindurch ungeteilt. Ihrem Stifter Eberhard († 1570) folgte dessen Sohn Georg Friedrich der Ältere († 1600), dann der Enkel Georg Friedrich der Jüngere († 1635). Erst unter dessen Söhnen Christian († 1675) und Ludwig Gustav († 1697) kam es zu einer Teilung in die Speziallinie Bartenstein und Schillingsfürst.

1. Speziallinie Bartenstein.
Sitz: Bartenstein, Würtemberg.

Christian folgte sein Sohn Philipp Karl († 1729), dann dessen Sohn Karl Philipp († 1763), welcher sich mit Marie Friederike, Landgräfin von Hessen-Homburg, der Erbin von Oberbronn und Limpurg, vermählte und am 21. Mai 1744 Fürst ward. Sein Sohn Ludwig Leopold († 1799) verzichtete und seine Söhne Ludwig Aloys († 1829) und Karl Joseph († 1833) teilten sich in den Besitz. Ersterer erhielt Bartenstein, letzterer Jagstberg. Die Unterlinie Bartenstein erlosch jedoch schon 1844 mit dem Sohne des Stifters, Karl August, vermählt mit Chlotilde, Landgräfin von Hessen-Rothenburg, und fiel dem Sohne Karl Josephs, Ludwig Albrecht Konstantin, zu. Als dieser jedoch 1850 starb, teilten sich dessen beiden Söhne, Karl Ludwig († 23. Mai 1877) und Albert wieder in Bartenstein und Jagstberg. Gegenwärtiger Besitzer von Bartenstein-Bartenstein ist Karl Ludwigs Sohn: Fürst Johannes Friedrich Michael Karl Maria geb. 20. August 1863. Er residiert auf Bartenstein. Zu Jagstberg regiert der ebengenannte Fürst Albert Vinzenz Ernst Leopold Klemens mit dem Wohnsitz auf Haltenbergstetten, geb. 22. November 1842.

2. Speziallinie Schillingsfürst.

Ludwig Gustav, Graf zu Schillingsfürst starb 1667 und vererbte den Gesamtbesitz von Vater auf Sohn, an Philipp Ernst, welcher am 21. Mai 1744 Fürst ward und 1759 starb, Karl Albrecht I. († 1793) Karl Albrecht II. († 1796). Darauf teilten dessen Söhne Karl Albrecht († 1843) und Franz Joseph (1807—1841) und stifteten resp. die ältere Linie Waldenburg und die jüngere Schillingsfürst.

a. Unterlinie Waldenburg.
Sitz: Waldenburg, Würtemberg.

Nachdem Karl Albrecht († 1843) 1839 verzichtet hatte, ging die Regierung auf dessen Sohn Friedrich Karl über, welcher 26. Dezember 1884 starb. Ihm folgte sein ältester Sohn Nikolaus, geb. 8. September 1841, † 23. Oktober 1886, worauf der zweite Sohn Friedrich Karls, Friedrich Karl Chlodwig Konstantin Adolf, geb. 26. September 1846, Fürst ward.

b. **Unterlinie Schillingsfürst**
(katholisch).

Nach dem am 14. Januar 1841 erfolgten Tode des Fürsten Franz Joseph von Hohenlohe-Schillingsfürst folgte demselben vermöge Verzichtleistung seiner beiden älteren Brüder, Victor Moritz Karl, geb. 10. Februar 1818 und Chlodwig Karl Victor, geb. 31. März 1819 der dritte Sohn desselben Philipp Ernst Ferdinand, geb. 24. Mai 1820 und als dieser am 3. Mai 1845 starb, wieder infolge Vertrages zwischen den Prinzen Victor und Chlodwig der letztere als Fürst von Hohenlohe-Schillingsfürst. Victor Moritz Karl ward dagegen Herzog von Ratibor und Fürst von Corvey). Ein dritter Bruder Gustav Adolf, geb. 26. Februar 1823 ist der vielgenannte Kardinal Priester Hohenlohe, Erzpriester an Maria Maggiore in Rom.

Nach dieser übersichtlichen genealogischen Zusammenstellung dürften noch einige allgemein geschichtliche Bemerkungen über das Haus Hohenlohe nicht ohne Interesse sein.

Daß der Name Hohenlohe erst seit 1178 von diesem Geschlechte und zwar von der Stammburg Holloch — korrumpiert Hohenlohe — im Gollochgau angenommen ist, ward schon oben bemerkt. Auch letzterer scheint danach bezeichnet zu sein, sodaß die Burg wohl ursprünglich Golloch hieß. Der Grafentitel ist erst seit Mitte des 14. Jahrhundert von einigen Mitgliedern der Familie geführt worden, obwohl es feststeht, daß deren Vorfahren das Gaugrafen-Amt bekleideten, die reichsgräfliche Würde ihr schon im 13. Jahrhundert zustand und sie im fränkischen Grafenkollegio den Vorsitz hatte. In allen Linien gebräuchlich ward der Grafentitel erst im 15. Jahrhundert. Da der Zeitpunkt sich nicht genauer bestimmen läßt, haben wir geglaubt, uns im Vorstehenden auf die bloßen Namen beschränken zu müssen. Die reichsfürstliche Würde erhielt die waldenburgische Hauptlinie zuerst mit Karl Philipp von Hohenlohe-Bartenstein und Philipp Ernst von Hohenlohe-Schillingsfürst, am 24. Mai 1744. Die neuenstein'sche Hauptlinie ist erst am 7. Januar 1764 in allen ihren Unterlinien in den Fürstenstand erhoben worden. Im Jahre 1803 ward das Haus Hohenlohe in den Reichsfürstenrat eingeführt. Der Herzogtitel ist in zwei Speziallinien an die Hohenlohe gelangt, und zwar wieder zuerst an die waldenburger Hauptlinie, in der Speziallinie Schillingsfürst, indem der älteste Sohn des Fürsten Franz-Joseph Schillingsfürst, Prinz Victor Moritz Karl Hohenlohe, am 15. Oktober 1840 von König Friedrich Wilhelm IV., gelegentlich der Huldigung zu Berlin, zum Herzog von Ratibor (und Fürsten von Corvey) erhoben ward. Das zweite Mal geschah es, durch Verleihung dieses Titels an den Fürsten Hugo von Ohringen zu Slavensitz unter König (Kaiser) Wilhelm I. am 18. Oktober 1861 als Herzog von Ujest.

Die Besitzungen der Hohenlohe sind sehr ansehnlich. Sie bilden kein zusammenhängendes Areal, sondern finden sich unter preußischer, bayerischer und württembergischer Hoheit, über ganz Deutschland zerstreut. Man giebt den Gesamtbesitz der waldenburger Hauptlinie allein eher zu niedrig, als zu hoch, auf 34½ ☐ Meilen an. Davon beträgt das Herzogtum Ratibor allein 15, das Fürstentum Corvey 5, das Fürstentum Hohenlohe-Bartenstein 7, die Herrschaft Waldenburg im Würtembergischen 4, Schillingsfürst in Bayern 1, das Fürstentum Jagstberg 3½ ☐ Meilen. Die neuenstein'sche Hauptlinie dürfte in ihren drei noch blühenden Speziallinien: Langenburg, Öhringen und Ingelfingen wohl ebenso großen Landbesitz haben.

Die Speziallinie Langenburg besitzt nämlich in Würtemberg als Anteil am Fürstentum Hohenlohe . . 4.75 ☐ Meilen
als Erbteil von der erloschenen Linie Kirchberg etwa 4.— „
und im Gotbaischen die obere Grafschaft Gleichen mit 5.03 „
13.78, rund 14 ☐ Meilen.

Die Speziallinie Öhringen: — in Würtemberg als Anteil am Fürstentum Hohenlohe . . . . 6.05 ☐ Meilen
Schlesische Herrschaften und Slavensitz in Preußen 8.— „
Die Herrschaften im Weimar'schen . . . . . . 2.— „
im ganzen mithin rund 16.— ☐ Meilen.

Die Speziallinie Ingelfingen endlich die Herrschaft Koschentin ꝛc. in Oberschlesien, Preußen mit . 5.40 „

Der Gesamtbesitz der neuenstein'schen Linie wird daher mit 35½ ☐ Meilen gewiß nicht zu hoch berechnet, sodaß das Haus Hohenlohe im ganzen über ein Areal von ca. 67 ☐ Meilen zu verfügen hat.

Würde nicht durch Schenkungen, Heiraten, Erbschaften und Verkäufe viel Land, welches ursprünglich zum Fürstentum Hohenlohe gehörte, wieder verloren gegangen, und statt dessen mehr auf Zusammenlegung der Besitzungen gesehen sein, hätte man sich rechtzeitig zur Einführung des Erstgeburtsrechtes für das ganze Geschlecht entschlossen, so sähe das Haus Hohenlohe sich vielleicht jetzt unter die großen regierenden Häuser Deutschlands eingereiht. Das 1511 zur Beseitigung dieser Übelstände errichtete hohenlohe'sche Hausgesetz war dazu nicht weitgreifend genug.

Den größten Verlust erlitten die Hohenlohe schon sehr früh durch Abhändung des Fürstentums Mergentheim, welches der Hochmeister des Deutschordens Heinrich von Hohenlohe (1244—49 nicht 53) dem Orden schenkte, wodurch er diesem freilich eine gewaltige Stütze in Deutschland gab, deren Wert sich erst recht geltend machte, als 1525 Preußen dem Orden verloren ging und seine Hochmeister fortan von Mergentheim aus die Geschäfte des Ordens leiteten.

Weitere nennenswerte Verluste waren: 1378 der Verkauf der Burg Hohenlohe an den Burggrafen von Nürnberg und 1390 der Übergang von Brauneck durch Heirat an den Burggrafen von Magdeburg.

Einen großen Zuwachs an Landbesitz (ca. 20 ☐ Meilen) erfuhr das Haus dagegen in neuerer Zeit durch das Vermächtnis des Landgrafen Victor Amadeus von Hessen-Rothenburg, welcher zu Gunsten des Prinzen Victor Moritz Karl Schillingsfürst aus den von ihm angekauften Raudener Stiftsgütern in Oberschlesien und Corveyer Klostergütern in Westfalen ein Fideikommiß errichtete, in dessen Genuß derselbe am 12. November 1834 bei dessen Tode trat. Hierzu steht seine und seines Bruders Chlodwig am 15. Oktober 1840 erfolgte Erhebung zum Herzog von Ratibor und Fürsten von Corvey, resp. zum Prinzen beider in mittelbarer Beziehung.

Eine Aufzählung berühmter Männer aus dem Geschlechte Hohenlohe, welches mit fast allen regierenden Häusern verschwägert ist, glauben wir um so mehr übergehen zu können, als deren Namen in aller Munde sind.

Das Wappen der Hohenlohe besteht aus zwei in silbernem Felde übereinander schreitenden Leoparden mit doppelten, durch die Hinterbeine gesteckten Schwänzen. Den Helm ziert ein wolkenähnlich in silber und rot quergeteilter Adler. Die Helmdecken sind rot-silbern.

Abweichend führt die Herrschaft Langenburg in einem quergeteilten Wappen oben einen gekrönten goldenen Löwen in Schwarz, unten ein gold-schwarz geschachtes Feld. Helmzierbilder: Büffelhörner, zwischen denen der Löwe hervorwächst.

VI.
Abstammung von den Fürsten von Leiningen.

Die jetzigen Fürsten und Grafen von Leiningen bilden eine aus verschiedenen Geschlechtern hervorgegangene Familie, welche zu verschiedenen Zeiten den Namen des schon 1220 ausgestorbenen Geschlechtes der alten Grafen von Leiningen angenommen haben. Man muß daher auf dessen Ursprung zurückgehen und daraus die Beziehungen zu den übrigen herleiten.

I. Die alten Leiningen.

Im Ober-Elsaß, nicht weit von der Kreisstadt Chateau Salins, liegt am Fuß der Vogesen das alte Schloß Leiningen, nach welchem die Grafen von Leiningen schon in sehr früher Zeit ihren Namen sich beilegten. Schon 1019 wird von diesem Geschlechte ein Graf Schaffard genannt, welcher an einem Turnier zu Trier teilnahm. 1119 kommt ein Graf Emich in Göttingen, 1165 ein anderer Graf Emich in Zürich, und 1179 ein Graf Harro in Köln, vor. Auch kennen wir mehrere Bischöfe aus altleiningen'schem Geschlechte. Doch weichen die Genealogen in dieser Beziehung etwas voneinander ab. Kneschke (Grafenhäuser der Gegenwart, 1853) führt Emerich 1065—77 als Bischof von Augsburg, Siegfried 1127—42 als Bischof von Speier, Hozelin 1130—31 und Embrich 1131—47 als Bischöfe von Würzburg auf.

Grote („Stammtafeln" 1877) berichtigt diese Angabe dahin, daß von 1064 bis 1077 ein Emich oder Embrich von Leiningen Bischof von Augsburg, von 1124—26 Arnold II. Bischof von Speier, von 1125—46 Emicho III. und von 1159—65 Heinrich II. Bischöfe von Würzburg gewesen. Einen Hozelin von Leiningen kennt er so wenig, wie einen Siegfried. Ersterer könnte freilich für die kurze Zeit eines Jahres Koadjutor des vielleicht erkrankten Emicho III. gewesen sein. Dem Arnold II. von Speier folgte zwar ein Siegfried. Das war aber kein Graf Leiningen, sondern Siegfried II., Graf von Wolfsölden.

Die regelmäßige Stammfolge der altleininger Grafen beginnt erst 1117 mit Emich I., von dessen Söhnen Emich II. 1141 das Geschlecht fortpflanzte, während seine beiden Brüder die genannten Bischöfe Emicho III. von Würzburg und Arnold von Speier waren. Emich II. hinterließ zwei Söhne, Emich IV., der ihm von 1159 bis 1197 folgte, und Heinrich II., welcher von 1159—65 Bischof von Würzburg war. Emich IV. hatte nur einen Sohn Friedrich (I.), der 1220 starb und eine Tochter Luccarde, welche Simon II. (1208—1211) Grafen von Saarbrücken, heiratete.

II. Die Saarbrücken-Leiningen.

Als mit dem 1220 kinderlos verstorbenen Grafen Friedrich von Leiningen dieses Geschlecht im Mannsstamme erloschen war, nahmen die Nachkommen des jüngsten Sohnes seiner Schwester Luccarde, Friedrich von Saarbrücken, diesen Geschlechtsnamen an, während der älteste Sohn, Simon III., den Geschlechtsnamen der Grafen von Saarbrücken beibehielt. Dieser hinterließ aber nur zwei Töchter, Laurette und Mathilde. Die ältere vermählte sich mit Dietrich Louf, Grafen von Cleve, Sohn des regierenden Grafen Dietrich V. und jüngerer Bruder des Dietrich VI., genannt „von Meißen"; die jüngere mit Amadaeus, Grafen von Montfoucon, jüngeren Bruder Dietrichs III., Grafen von Mümpelgaard. Da jede dieser Schwestern ihrem Gemahl einen Teil der Grafschaft Saarbrücken zugebracht hatte, so nannten letztere sich von nun an Grafen von Saarbrücken. Dietrich Louf von Cleve starb aber 1271 ohne Leibeserben. Amadaeus von Montfoucon starb im nämlichen Jahre, hinterließ aber einen Sohn Simon IV., mit dessen Enkel Johann II. auch diese weibliche Linie der Grafen von Saarbrücken erlosch.

Die jetzigen Grafen resp. Fürsten von Leiningen sind daher strenggenommen Grafen von Saarbrücken, deren Geschlecht urkundlich mit Siegbert 1080 beginnt, sich dann aber schon mit dessen Söhnen Friedrich und Siegbert in die beiden Hauptlinien Saarbrücken und Werd spaltet.

Friedrichs Sohn Simon I. († 1180) setzte den Hauptstamm fort. Von seinen beiden Söhnen Simon II. († 1211) und Heinrich I. († 1225) heiratete, wie wir oben sahen, ersterer die Gräfin Luccarde von Leiningen, und hinterließ mehrere Söhne, von denen der älteste, Simon III., sich noch Graf von Saarbrücken, der jüngste, Friedrich, sich Graf von Leiningen nannte. Heinrich I. stiftete die Nebenlinie der Grafen von Zweibrücken.

Der Enkel des Siegbert von Werd († 1135) Siegbert III. († 1228) ward Landgraf vom Unter-Elsaß. Seine Söhne Heinrich († 1238) und Dietrich († 1257) stifteten die Unterlinien: Elsaß und Rikingen, des letzteren Enkel Heinrich II. und Konrad I. 1291 die Zweige Forbach und Rikingen, die aber schon mit deren Söhnen Johann und Konrad II. resp. 1355 und 1345 in der Mannslinie erloschen. Auch die Unterlinie Elsaß erlosch 1376 mit dem Urenkel ihres Stifters, einem Grafen Johann.

Die Unterlinie Zweibrücken teilte sich nach Erwerbung des lothringischen Lehens Bitsch unter den beiden Enkeln des Stifters, Walram I. († 1309) und Eberhard († 1315) in die beiden Spezialinien Zweibrücken und Bitsch. Wolframs Urenkel Eberhard verkaufte halb Zweibrücken an Pfalz und trug ihm 1385 die andere Hälfte zu Lehen auf. 1393 ward ganz Zweibrücken pfälzisch, d. h. es kam unter die bayrischen Pfalzgrafen bei Rhein, unter Ruprecht II. Die Speziallinie Bitsch erlosch mit dem Tode von Simon VII. Jakob, dem Wecker, dem Ururururenkel des ersten Erwerbers von Bitsch, 1559.

Inzwischen waren auch in der saarbrückischen Unterlinie Leiningen erhebliche Veränderungen vorgekommen.

Der Graf Friedrich II. von Saarbrücken, welcher 1220 nach dem Tode seines Mutterbruders Friedrich I. und Erlöschen von Altleiningen diese neue Linie gegründet, war 1237 unter Hinterlassung von vier Söhnen mit Tod abgegangen. Davon waren die beiden jüngsten Heinrich (Bischof von Speier) und Berchtold (Bischof von Bamberg) geistlich geworden und hatte der älteste, Simon, die Erbtochter des bischöflich straßburgischen Lehensgrafen von Dachsburg geheiratet und war mit diesem heimgefallenen Lehen neu belehnt worden, aber kinderlos gestorben: worauf sein jüngerer Bruder, Friedrich III. († 1277) ihm in Leiningen und Dachsburg gefolgt war. Von ihm hatte sein Sohn Friedrich IV. († 1310) beide Grafschaften geerbt. Nach dessen Tode teilten zwei seiner Söhne, Friedrich V., der Landgraf genannt wird und 1328 starb, und Joffried (oder Gottfried) sich 1317 in den Besitz, während ein dritter Bruder, Emich, Bischof von Speier geworden war. Friedrich erhielt Leiningen und setzte die ältere Linie fort. Joffried bekam Dachsburg und gründete die jüngere Linie. Erstere erlosch 1467 mit dem Landgrafen Hesso, nachdem Kaiser Friedrich III. 1444 die alte Landgrafschaft Leiningen erneuert und zur gefürsteten Landgrafschaft erhoben.

Nun hätte Leiningen an die Joffried'sche Linie fallen müssen, welche durch den Grafen Rudolf († 1473) von Leiningen-Dachsburg-Rixingen und Emich VII. († 1495) von Leiningen Dachsburg Hardenburg vertreten ward. Landgraf Hessos Schwester Margareta, Witwe des Grafen Reinhard IV. von Westerburg († 1449), bemächtigte sich aber mit Unterstützung des Pfalzgrafen und Kurfürsten Friedrich des Siegreichen, trotz Widerspruchs der Joffried'schen nunmehrigen Hauptlinie, fast aller leiningen'schen Besitzungen und nahm auch für sich und ihre Nachkommen den Namen Leiningen an. Dadurch entstand die Linie

III. Westerburg-Leiningen.

Dreihundert Jahre ward hierüber von der Joffried'schen Linie resp. beim kaiserlichen Kammergericht und dem Reichshofrat erfolglos Prozeß geführt. Wenn diese Linie aber auch nicht berechtigt erschien, den Namen eines noch blühenden Geschlechtes anzunehmen, so konnte sie sich doch eines ebenso alten und erlauchten Ursprungs rühmen, wie die beiden vorgenannten Linien Altleiningen und Saarbrück-Leiningen. Sie stammt nämlich von den Herren von Runkel, deren nachweisbare Folge mit Siegfried III. († 1227) 1219 beginnt und nach Erwerbung von Wied durch Vermählung Dietrichs IV. (1403—1460) mit der Erbgräfin Anastasia von Isenburg-Wied, mit deren Sohn Friedrich (1462—1487) den Stammnamen der Grafen von Wied annahm, sich aber schon unter Siegfrieds Söhnen, Dietrich I. (1227) und Siegfried IV. (1227—1279), in die beiden Hauptlinien Runkel und Westerburg geteilt hatte.

Die Linie Runkel-Wied bekam durch eine Teilung ihrer Besitzungen unter den beiden Söhnen des Grafen Hermann II. (1591—1631), Friedrich dem Älteren (1631—1698) und Johann Ernst († 1664) eine von letzterem gestiftete Nebenlinie Dierdorf, die aber schon mit dessen Sohn Ludwig Friedrich 1709 wieder erlosch. Eine Hauptteilung fand aber nach Friedrichs des Älteren Tode statt, insofern die Linie Runkel-Wied sich in die Linien Runkel und Neu-Wied spaltete.

Die Linie Runkel, Nachkommen des älteren Sohnes, Georg Hermann († 1690) erheiratete mit dessen Enkel Johann Ludwig Adolf die Grafschaft Crichingen in Ostfriesland. Dessen Sohn Christian Ludwig ward 1757 als Erbe seiner Mutter „Graf von Crichingen" und 1762 als Erbe seines Vaters auch „Graf von Runkel", 1791 aber in den Fürstenstand erhoben. Doch erlosch diese Linie schon mit seinem Sohne Friedrich Ludwig am 28. April 1824, worauf ihre Besitzungen der Linie Neu-Wied zufielen.

Georg Hermanns von Runkel jüngerer Bruder Friedrich Wilhelm (1698—1737) hatte die Linie Neu-Wied gestiftet. Sein Sohn Johann Friedrich Alexander (1737 bis 1791) erlangte schon am 13. Juni 1784 die Fürstenwürde. Sein Ururenkel Wilhelm Adolf Maximilian Karl ist seit 1864 regierender Fürst, dessen Schwester Elisabeth, Königin von Rumänien. Die westerburgische Hauptlinie der Herren von Runkel erwarb schon durch die Vermählung des Heinrich II. (1267—1279), Sohnes ihres Stifters mit der Erbgräfin Agnes von Limburg (Seitenlinie der Grafen von Isenburg) deren Anteil an der Schaumburg im Nassauischen und mit Reinhards IV., Enkel Reinhard V., durch dessen Großmutter, Gräfin Margareta von Leiningen, wie oben erwähnt, den größten Teil der Grafschaft Leiningen. Dessen Enkel, Philipp (1557—1597), Reinhard VI. († 1587) und Georg († 1585) teilten die Besitzungen. Es entstanden dadurch drei Unterlinien, Leiningen, Westerburg und Schaumburg. Durch Philipps Vermählung mit Amalia, Erbgräfin von Zweibrücken, kamen Rixingen und Oberbronn an diese Linie, was unter seinen drei Enkeln, Johann, Philipp II. und Ludwig Emich zu einer abermaligen Teilung Anlaß gab, wodurch die Speziallinien Leiningen, Rixingen und Oberbronn entstanden. Die erste erlosch 1635 mit ihrem Stifter, die zweite 1705 mit dem Enkel des Stifters, Philipp Ludwig, nachdem dessen Vater schon 1669 Rixingen verkauft, die dritte mit dem Sohne des Stifters, Johann Ludwig, 1665. Die Unterlinie Westerburg war schon 1597 mit dem Sohne ihres Stifters erloschen.

Der Stifter der schaumburgischen Unterlinie Georg († 1585) hatte zwei Söhne hinterlassen, Reinhard VII. († 1655) und Christoph († 1632). Reinhards Erbtochter Marie Juliane verkaufte 1656 den ihr zugefallenen westerburgischen Anteil an der Schaumburg an die Witwe des Grafen von Holzappel, Elisabeth Charlotte, geb. von Essern. Die übrigen westerburgischen Besitzungen fielen Georg Wilhelm, dem Sohn Christophs zu, welcher Stammvater aller gegenwärtigen Grafen von Westerburg-Leiningen ist. Georgs Söhne, Christoph Christian († 1728) und Georg († 1726)

3*

stifteten die noch blühenden Spezialllinien Alt=Leiningen Westerburg=Grün=
stadt und Neu=Leiningen=Westerburg. Vertreter der ersteren Linie, deren
Wohnsitz abwechselnd Ilbenstadt bei Friedberg im Großherzogtum Hessen und das
Schloß Westerburg in der preußischen Provinz Hessen=Nassau, ist der Graf Friedrich
Wiprecht Franz, geb. 30. Dezember 1852, vermählt 11. März 1875 mit Olga
Braillard. Vertreter der anderen Linie ist der Graf Karl, geb. 8. April 1863.

IV. Leiningen-Dachsburg.

Von den echten Saarbrücken=Leiningen blüht gegenwärtig nur noch die Linie
Leiningen=Dachsburg=Hardenburg. Der Joffried'schen Linie war das Schloß
Dachsburg in den Vogesen, nicht weit von Zabern im Elsaß und das von dem ersten
Grafen von Saarbrücken=Leiningen erbaute Schloß Hardenburg (oder Hartenburg),
westlich von Mannheim, verblieben. Diese Linie nannte sich zuerst Leiningen=Dachs=
burg. Als Gottfrieds († 1343) ältester Sohn Friedmann († 1345) durch die Ver=
mählung mit der Erbgräfin von Werd=Rikingen letztere Herrschaft erworben hatte,
nahm seine Nachkommenschaft den Namen Dachsburg=Rikingen an. Die Nach=
kommenschaft des jüngeren Bruders Emich IV. († 1375) nannte sich Dachsburg=
Hardenburg. Erstere Linie erlosch 1506 mit dem Tode des Grafen Hamann.
Letztere teilte sich nach dem Tode des Grafen Emich IX. unter dessen Söhnen
Johann Philipp I. († 1562 und Emich X. († 1593) in die fortgesetzte Hauptlinie
Dachsburg=Hardenburg und die Nebenlinie Dachsburg=Falkenburg. Die
3 Urenkel des Emich X.: Emich Christian († 1702), Georg Wilhelm († 1672) und
Johann Ludwig der Ältere stifteten die Spezialllinien: Dachsburg, Heidesheim
und Guntersblum. 1709 erlosch die erste derselben mit dem Grafen Friedrich,
1766 die zweite mit dem Grafen Christian Karl Reinhard, 1774 die dritte mit dem
Enkel des Stifters, Friedrich Theodor.

Die Hauptlinie Dachsburg=Hardenburg erlitt seitdem nur eine einzige Abzweigung
unter den Söhnen eines Grafen Johann Friedrich († 1722), von denen der jüngere
Karl Ludwig, Bodenheim, südwestlich von Worms, erhielt, aber 1786 ohne männliche
Erben verstarb. Der Hauptstamm blüht fort, und wird gegenwärtig vertreten durch
den Fürsten Ernst Leopold Victor Karl August Joseph Emich, geb. 9. November 1830,
vermählt mit Marie Amalie, Tochter des Großherzogs Leopold von Baden. Wohnsitz
ist Amorbach, Regierungsbezirk Unterfranken in Bayern. Derselbe ist großbritannischer
Admiral. Seines Vaters Schwester war die am 7. Dezember 1807 geborene, am
23. September 1872 verstorbene, mit dem Fürsten Ernst von Hohenlohe=Langenburg
vermählte Prinzessin Feodora, Großmutter mütterlicherseits Ihrer Majestät der Kaiserin
Augusta Victoria.

Er ist ein Sohn des Fürsten Karl Friedrich Wilhelm Emich, geb. 12. September
1804, † 13. November 1856, ein Enkel des Fürsten Emich Karl, geb. 27. September
1763, † 4. Juli 1814, Urgroßvaters, und ein Urenkel des am 3. Juli 1779 in den
Fürstenstand erhobenen früheren Grafen Karl Friedrich Wilhelm von Leiningen, Urur=
großvaters der Kaiserin, geb. 14. August 1724, † 9. Januar 1807.

V. Die legalisirten Leiningen.

Die eheliche Nachkommenschaft des Grafen Johann Ludwig des Älteren von Falkenburg-Guntersblum († 1687) mit Sophia Sibylla, Gräfin zu Leiningen-Westerburg-Oberbrunn, vermählt 1678, war mit dem zweiten Sohne seines Sohnes Emich Leopold, namens Friedrich Theodor Ludwig, am 22. September 1774 erloschen. Vor dieser Ehe hatte er sich jedoch am 20. August 1664 mit der Tochter Wilhelm Wierichs von Dann, Grafen von Falkenstein, Amalia Sibylla verlobt, dieselbe aber vor der kirchlich vollzogenen Trauung wieder verlassen. Aus diesem außerehelichen Verhältnisse war 1675 ein Sohn, namens Johann Philipp der Jüngere, hervorgegangen, vermählt 1694 mit Anna Ernestina, Gräfin von Vehlen und Meppen († 1729). Deren Sohn Franz, geb. 1698, hinterließ aus der Ehe mit Charlotte, Gräfin Walderode-Eckhausen (vermählt 1736, † 1745) zwei Söhne: Wilhelm Karl, geb. 5. Juli 1737, † 26. Januar 1809 und Wenceslaus Joseph geb. (?), † 15. Januar 1825.

Wie es hiernach zu erwarten stand, hatte die fürstliche Linie Leiningen Dachsburg-Hardenburg, nach dem Erlöschen der ehelichen Nachkommenschaft Johann Ludwigs des Älteren von Guntersblum, 1774, die von dieser Linie besessenen Anteile an den Grafschaften Leiningen und Dachsburg in Besitz genommen. Reichshofrätliche Erkenntnisse resp. vom 15. Februar 1782, sowie der Jahre 1783 und 1784 hatten nun zwar die aus der erwähnten sog. Gewissensehe des Johann Ludwig mit der Gräfin Dann hervorgegangene Nachkommenschaft als rechtmäßig anerkannt, derselben aber nur „freigelassen", das Recht der Nachfolge in besonderem Verfahren auszuführen. Dies mochte seine Schwierigkeit haben, während andererseits der Fürstenlinie die Fortsetzung der unerquicklichen Verhandlungen nicht wünschenswert erschien. Es kam daher am 17. Juni 1785 mit dieser zu einem Vergleich, kraft dessen sie den legalisirten Grafenlinien 1787 die Ämter Guntersblum und Heidesheim auslieferte, dasjenige Erbteil, welches dem erloschenen Emich Leopold'schen Zweige zugestanden hatte. Hierin teilten sich die genannten beiden Brüder, Wilhelm Karl und Wenceslaus Joseph, indem sie die zwei Speziallinien Leiningen=Guntersblum und Leiningen Heidesheim bildeten, welche später nach dem Austausch gegen rechtsrheinische Besitzungen, sich Leiningen=Billigheim und Leiningen=Neidenau nannten.

Vertreter dieser Linien sind gegenwärtig resp. Graf Karl Wenceslaus, geb. 7. März 1823, vermählt mit Maria Christiane Franziska, Reichsgräfin zu Arco Zinneberg, Sohn des Grafen Karl Theodor August, geb. 26. Januar 1794, † 21. Aug. 1869 und Enkel des Stifters der Linie Guntersblum Wilhelm Karl, geb. 5. Juli 1737, † 26. Januar 1809 und Graf Emich Karl Wenceslaus, geb. 31. Juli 1855, dritter Sohn des Grafen August Klemens, geb. 20. Januar 1805, † 5. Mai 1862, ein Enkel des Stifters der Linie Guntersblum, Wenceslaus Joseph, † 15. Januar 1825.

Wir unterscheiden nach obigem folgende noch blühende Linien des Hauses Leiningen:

1. Die saarbrückische Hauptlinie Leiningen=Dachsburg=Hardenburg, gestiftet von Friedrich I., Grafen von Saarbrücken 1220, welche am 3. Juli 1779 mit dem Grafen

Karl Friedrich in den Fürstenstand erhoben ward, und von welchem Ihre Majestät die Kaiserin abstammt. Wohnsitz: Amorbach, Regierungsbezirk Unterfranken.

II. Die westerburg'schen Linien, gestiftet 1467 von Margareta, Gräfin von Saarbrück-Leiningen, verwitweten Gräfin von Westerburg aus dem Hause Runkel.

1. Unterlinie Alt-Leiningen-Westerburg (Grünstadt), gestiftet 1695 vom Grafen Christoph Christian von Leiningen-Schaumburg (und Cleeberg), † 1728. Wohnsitz: Ilbenstadt bei Friedberg, Großherzogtum Hessen und Schloß Westerburg, Hessen-Nassau.

2. Unterlinie Neu-Leiningen-Westerburg, gestiftet 1695 vom Grafen Georg von Leiningen-Schaumburg, † 1726. Wohnsitz: Landshut und Cassel.

III. Die legalisierten Linien, gestiftet 1687 von Johann Ludwig dem Jüngeren.

1. Unterlinie Leiningen-Guntersblum, jetzt Billigheim, gestiftet 1787 vom Grafen Wilhelm Karl von Guntersblum. Wohnsitz: Billigheim in Baden.

2. Unterlinie Leiningen-Heidesheim, jetzt Neidenau, gestiftet 1787 vom Grafen Georg von Heidesheim. Wohnsitz: Heidelberg.

Durch den Lüneviller Frieden vom 9. Februar 1801 verlor das fürstliche Haus Leiningen seine sämtlichen, auf dem linken Rheinufer belegenen Besitzungen des reichsunmittelbaren Fürstentums Leiningen, die Grafschaft Dachsburg und die Herrschaft Weisersheim. Der Reichs-Deputations Hauptschluß vom 23. Februar 1803 gab dieser Linie dafür die am 2. Dezember 1802 in Besitz genommenen, vormals mainzischen Ämter Miltenberg, Buchen, Seligenstadt, Amorbach (belastet mit einer Rente von 32000 fl. für Salm-Reifferscheid-Bedbur) und Bischofsheim, wie die von Würzburg getrennten Ämter Hardheim, Lauda, Ripperg, Grünsfeld, Gerlachsheim, (welche beiden letzten jedoch zur Tilgung der auf Amorbach gegründeten Rente, abgetreten wurden) zur Entschädigung; auch ward dem Fürsten, der früher nur an dem wetterau'schen Grafenkollegio Teil gehabt hatte, eine Virilstimme im Reichsfürstenrate bestimmt. Zufolge der Rheinbundsakte von 1806 und späterer Verträge (namentlich des Vertrages Napoleons I. mit dem Großherzogtum Hessen vom 7. September 1810, des badisch-großh. hessischen Vertrages vom 8. September 1810, des von Österreich und Preußen am 30. Juni 1806 mit dem Großherzogtum Hessen abgeschlossenen Vertrages und des Recès général der Frankfurter Territorial-Kommission vom 20. Juli 1819) befindet sich der größte Teil der gegenwärtigen Besitzungen (fast 30 ☐ Meilen) unter badischer, ein anderer Teil mit dem Hauptort Amorbach (ca. 6 ☐ Meilen) unter bayrischer, endlich die Civilgerichtsbarkeit über Heßelbach, Gemmelsbach, Railbach, Hetstal und Unterjeusbach, unter großherzoglich hessischer Staatshoheit. (Man vergl. den gothaischen Hofkalender für 1833.)

Die Besitzungen der beiden westerburgischen Linien sind gemeinschaftliche Familien-Fideikommisse nach dem Rechte der Erstgeburt.

Die Unterlinie Alt-Leiningen-Westerburg erhielt durch den Reichs-Deputations-Hauptschluß von 1803 für den Gebietsverlust an der linken Rheinseite die ehemalige

Prämonstratenser Abtei Ilbenstadt in der Wetterau mit der Landeshoheit in geschlossenem Umfange. Durch die rheinische Bundesakte von 1806 wurde die Grafschaft Westerburg und die grundherrliche Herrschaft Schadeck der großherzoglich bergischen, seit 1815 herzoglich nassauischen, seit 1866 königlich preußischen Autorität untergeordnet. Von Westerburg und Schadeck besitzt diese Linie die Hälfte, die andere steht der Unterlinie Neu-Leiningen-Westerburg zu.

Die durch den Wiener Kongreß zurückerhaltenen, unter onerösem Titel noch nicht veräußerten überrheinischen Besitzungen brachte erstere Unterlinie durch Übereinkunft mit letzterer an sich.

Die Unterlinie Neu-Leiningen-Westerburg erhielt außer der anderen Hälfte von Westerburg und Schadeck 1803, als Entschädigung für ihren Anteil am linksrheinischen Leiningen, die Cistercienser Frauen-Abtei Engelthal 2c., die sie aber an die Grafen von Solms-Wildenfels verkaufte. Außerdem wurde dieser Linie aber durch königlich dänischen Anspruch vom 22. Februar 1785 das Erbrecht auf die Grafschaft Laurvig in Norwegen, welche seit 1805 in einem großen Kapitalfideikommiß besteht, bestätigt und hat sie daher nach Erlöschen des Mannsstammes der Grafen von Ahlefeldt-Laurvig auf den Genuß dieses Fideikommisses die nächste Anwartschaft. (Vergl. Knejchke, deutsche Grafenhäuser.)

Die guntersblumer Linien wurden für ihre Verluste durch den erwähnten Friedensschluß je mit 3000 fl. Jahresrente aus der Rheinschiffahrts-Octroi und resp. für Guntersblum mit Billigheim, für Heidesheim mit Neidenau, vormals zu Kurmainz gehörigen Kellereien, entschädigt. Sie sind Baden standesherrlich untergeordnet. Ihre bezüglichen Verhältnisse wurden durch Übereinkunft für Billigheim vom 18., für Neidenau vom 23. Dezember 1825 festgesetzt. Das Gesamt Areal ihrer Besitzungen wird auf $1^1/_4$ ☐ Meile angegeben. (Vergl. gothaischen Hofkalender für 1833.)

Mit Ausnahme der guntersblum'schen Linien, welche katholisch sind, bekennen sich die Leiningen zum evangelischen Glauben.

Das Wappen des Hauses Leiningen-Dachsburg besteht aus einem viergeteilten Schilde mit Mittelschild. Im roten Mittelschilde ein dasselbe ganz überziehendes silbernes Kreuz (Aspermont). 1 und 4 in Blau drei (2 und 1) rechtsstehende silberne Adler, nach einigen Geier, über welchen ein roter Turnierkragen mit drei Lätzen schwebt. 2 und 3 in Silber ein schwarzer, rechtsgewendeter Löwe, über welchem acht silberne Lilien-Scepter, welche aus einer silbernen Kugel in Form eines gemeinen und eines Andreaskreuzes geben, gelegt sind, mit einem roten Schildesrand (Dachsburg).

Auf dem Schilde erheben sich drei Helme, von denen der linke gekrönt ist. Der rechte Helm trägt einen grünen Baum mit silbernen Blüten; der mittlere einen offenen schwarzen Adlerflug; von dessen Flügeln jeder mit sieben silbernen Herzen in Form eines Patriarchenkreuzes (1, 2: 1, 2, 1), belegt ist (Dachsburg) und der linke Helm eine Geckige, in jeder Seite mit Pfauenfedern geschmückte Tafel, auf welcher sich das Mittelschild wiederholt (Aspermont). Die Decken des rechten Helmes sind blau und silbern, die des mittleren schwarz und silbern, und die des linken rot und silbern.

Das Wappen des Hauses Westerburg enthält gleichfalls einen gevierteten Schild mit Mittelschild. Im goldenen Mittelschild ein blaues, dasselbe ganz überziehendes Kreuz. 1 und 4 das schon oben beschriebene Wappen von Leiningen. 2 und 3 in Rot ein schmales, das ganze Feld überziehendes, goldenes Kreuz, welches in jedem Winkel von fünf, als Andreaskreuz gestellten, goldenen Kreuzen begleitet ist (Westerburg). Über dem Schilde stehen drei ungekrönte Helme. Der erste trägt den grünen Baum mit silbernen Blüten (Leiningen); der mittlere einen offenen roten Adlerflug (Westerburg) und der linke einen Pfauenschweif. Die Decken des rechten Helms sind blau und silbern, des mittleren golden und rot, des linken blau und golden.

VII.
Abstammung von den Grafen von Solms.

Weit zurück bis an die Grenze von Sage und Geschichte geht die Chronik des Hauses Solms. Aus der Dämmerung des Greifbaren und Phantastischen treten einzelne Namen hervor, welche an Thatsachen knüpfen, die sich historisch nicht verbürgen lassen. Wir gewinnen daraus aber immerhin den Eindruck, daß die Solms zu den ältesten Gaugrafengeschlechtern Deutschlands gehörten, schon in frühesten Zeiten großen Landbesitz hatten und in naher Verwandtschaft zu den salischen Kaisern standen, welche sich „Waiblinger" nannten.

Mit dem Hause Nassau gleichen Ursprungs, mit welchem die Solms auch den Löwen, früher sogar auch wie bei diesem auf einem mit Schindeln bestreuten Felde, führten, nur mit Wechsel von Metall und Farbe, leiten sie ihren Namen von dem Solmsbache her, der schon 888 als Sulminissa fluvius vorkommt. Codex Laurisham III, Nr. 3689 und 3097. Derselbe entspringt dem Gebirge von Weiperfelden im Amte Usingen, nimmt den von Hasselborn kommenden Bach auf, verläßt unter Brandoberndorf den Regierungsbezirk Wiesbaden, und mündet im Kreise Wetzlar, Regierungsbezirk Coblenz, unter Burg Solms in die Lahn. Wenn wir den Angaben in Hübners genealogischen Tabellen Glauben schenken dürfen, so ward diese Burg schon im 9. Jahrhundert von einem Herrn von Solms, namens Philipp, erbaut und soll sich dessen Sohn Otto zuerst den Grafentitel beigelegt haben. Nach Vogels Beschreibung von Nassau (1843) that dies erst Heinrich I., Herr von Solms, als er sich 1168 mit einer Tochter des letzten Grafen von Gleiberg vermählte und damit in den Besitz der halben Burg und Herrschaft Gleiberg oder des Landes um Königsberg, Hohensolms, Altenkirchen und Erda kam. Die Annahme des Namens „Solms" muß demnach in einer noch viel früheren Zeit erfolgt sein. Nach Daniel, Handbuch der Geographie wird das Schloß Braunfels, um 946 erbaut, als ältester Stammsitz der Solms angenommen.

Diese teilweise widersprechenden Angaben dürften dahin zu berichtigen sein, daß der Grafentitel schon in frühester Zeit von dem Geschlechte geführt ward, weil es denselben vom Gaugrafenamte entnommen hatte, der Name Solms aber vor Erbauung der Burg dieses Namens von denselben angenommen war, es aber dahingestellt bleiben muß, ob die Burg Solms oder das Schloß Braunfels früher erbaut ist. Schon 1140 erlosch mit dem Grafen Marquard die Manneslinie des alten Hauses Solms. Seine Erbtochter brachte ihrem Gemahl Gottfried, Grafen von Wegebach, einem direkten Nachkommen Konrads des Roten oder Weisen, Herzogs von Lotharingien (944—953, welcher am 10. August 955 starb und Stammvater war des jüngeren salischen Hauses vieler Kaiser und Könige von Deutschland, — als Mitgift alle solms'schen Besitzungen. Er und sein Sohn Heinrich I. nannten sich zwar noch Grafen von Wegebach; des letzteren Söhne: Heinrich II. und Marquard nahmen aber 1232 den Namen ihrer Großmutter, des erloschenen Geschlechts der Solms, an. Sie teilten den Besitz und stifteten die beiden Linien Solms-Braunfels und Solms-Königsberg. Letztere erlosch 1333 und ihr Besitz fiel an die Nachkommen Heinrichs II. zurück. Dieser hatte auch zwei Söhne hinterlassen: Heinrich III. und Marquard, von denen der ältere die Linie Braunfels fortsetzte, der jüngere die 1415 erloschene Nebenlinie Burg Solms gründete. In der Braunfels-Linie folgte Heinrich IV. dem Vater. Unter dessen Söhnen: Bernhard († 1380), welcher 1326 Greifenstein erwarb, und Heinrich V. († 1352), zweigte sich mit letzterem wieder eine Unterlinie ab, die aber mit dessen Enkel Heinrich VI. 1425 wieder einging.

Bernhards Sohn Otto († 1409) hinterließ aber auch zwei Söhne: Bernhard († 1459) und Johann († 1457), welche die beiden noch blühenden Hauptlinien: Bernhardische oder Solms-Braunfels-Greifenstein und Johannische oder Solms-Lich (Hohen-Solms) Linie stifteten.

Die Bernhardische (Braunfels) Linie blieb ungeteilt bis 1592, wo sie sich mit des Grafen Konrad Tode in drei, von dessen Söhnen Johann Albrecht I. († 1633), Wilhelm dem Älteren († 1635) und Reinhard († 1630) gestiftete Unterlinien Braunfels, Greifenstein, Hungen spaltete.

Die Unterlinie Hungen erlosch schon 1678 mit dem Sohne ihres Stifters Moritz. Die Unterlinie Braunfels erlosch mit dem Enkel ihres Stifters Heinrich Trajectinus 1693. Alle Besitzungen der Bernhardischen Hauptlinie gelangten somit in die Hand eines Enkels des Stifters der Unterlinie Greifenstein, Wilhelm Moritz (geb. 1651, † 1721), des Sohnes Wilhelms des Jüngeren († 1676). Wilhelm Moritz verlegte seinen Wohnsitz nach Braunfels, worauf seine Linie sich wieder Solms Braunfels nannte. Durch Ausspruch des Reichskammergerichts erhielt er 1699 einen Teil der Grafschaft Tecklenburg, den er aber 1707 an die Krone Preußen verkaufte.

Er hinterließ einen Sohn Friedrich Wilhelm, welcher am 22. März 1742 von Kaiser Karl VII. in den Fürstenstand erhoben ward. Diesem folgte 1761 sein Sohn Ferdinand Wilhelm Ernst († 1783), letzterem wieder der Sohn: Wilhelm Christian Karl (geb. 1759, † 1837), welcher die Rheingräfin Franziska Auguste (geb. 1771, † 1810), Miterbin von Limpurg geheiratet hatte. Sein Sohn und Nachfolger war Friedrich Wilhelm Ferdinand (geb. 1797, † 1873), vermählt 1822 mit Ottilie, Gräfin von Solms-Laubach (geb. 1807). Diesem folgte der zweite Sohn des Prinzen Friedrich Wilhelm, eines Vaterbruders von Friedrich Wilhelm Ferdinand und der Maria, Gräfin Minski, namens Ernst Friedrich Wilhelm, geb. 1835, † unvermählt 7. März 1880), dann dessen jüngerer Bruder Georg Friedrich Bernhard, (geb. 1836), vermählt 5. August 1878 mit Emanuela, Prinzessin Tricase Moliterno (geb. 1854).

Weit zahlreicher ist die Nachkommenschaft der Johannischen Hauptlinie Solms Lich-Hohensolms, welche sich auch großer Huld seitens verschiedener Deutschen Kaiser (Friedrichs III. 1475, Maximilians 1506, Karls V. 1550) zu erfreuen hatte.

Schon der Stifter dieser Linie Johann († 1457) hatte durch seine Vermählung mit Elisabeth Gräfin von Cronberg-Rödelheim das letztere an das Haus gebracht. Deren Sohn war Kuno († 1477), dem wieder der Sohn Philipp folgte, der Sonnenwalde kaufte, 1537 starb und Stammvater des Hauses Lich ward. Während sein Sohn Reinhard I. († 1562) den Hauptstamm fortsetzte, stiftete sein jüngerer Sohn Otto († 1522) die Nebenlinie Laubach. Dem Reinhard folgte im Hauptstamm der ältere Sohn, Ernst der Ältere († 1590); der jüngere Hermann Adolf († 1601) stiftete die Nebenlinie Hohen-Solms. Der Hauptstamm von Lich erlosch 1718 mit dem Grafen Hermann Adolf Moritz, einem Urenkel Ernst des Älteren, wodurch Friedrich Wilhelm von Hohen-Solms dessen Besitzungen zufielen. Von nun nannte seine Nebenlinie sich Hohen-Solms-Lich. Friedrich Wilhelm starb 1744. Sein Sohn Karl Christian († 1803) ward am 14. Juli 1792 von Kaiser Franz II. in den Fürstenstand erhoben. — Dieser hinterließ einen Sohn, Karl Ludwig August, welcher ihm folgte, aber schon 1807 starb, worauf zuerst sein ältester Sohn Karl (geb. 1803, † 1824), dann sein Sohn Ludwig (geb. 1805, † 29. Februar 1880), endlich der älteste Sohn seines Sohnes Ferdinand: Hermann Adolf (geb. 15. April 1838), vermählt 20. Juni 1865 mit Agnes, Tochter des Grafen Wilhelm von Stolberg-Wernigerode (geb. 21. Mai 1842) zur Regierung gelangte. Es ist dies der gegenwärtig regierende Fürst.

Die Speziallinie Laubach

hatte Graf Otto gestiftet, welcher 1522 starb und einen Sohn Friedrich Magnus hinterließ († 1561). Von seinen Söhnen erwarb Johann Georg als Lehen 1600 Wildenfels und Otto durch Kauf 1596 Baruth. Er war mit Sonnenwalde abgefunden worden, welches Graf Philipp von Lich 1537 gekauft hatte. Da er aber 1612 kinderlos starb, fiel Sonnenwalde wieder an den Laubacher Hauptstamm zurück, ohne daß dadurch eine besondere Nebenlinie entstanden wäre.

Dagegen teilten die vier Söhne Johann Georgs: Friedrich († 1640), Albrecht Otto I. († 1610), Heinrich Wilhelm († 1632) und Johann Georg († 1632) die Laubach'schen Besitzungen und gründeten die Unterlinien Rödelheim, Laubach, Sonnenwalde und Baruth.

Otto † 1409.

Braunfels.
Bernhard † 1459.
Ururenkel
Konrad I. † 1592.

Lich.
Johann † 1457.
Enkel
Philipp † 1544;
kauft Sonnewalde 1537.

Braunfels.	Greifenstein.	Hungen.		Lich.	Laubach.	
Joh. Albert I. † 1623. ÷ 1693.	Wilhelm d. Ä. † 1635. Enkel Wilh. Moritz † 1724, erbt Braunfels 1693. Friedr. Wilh. wird Fürst 22./3. 1742. Ururururenkel Georg Friedr. Beruh., geb. 1836; reg. Fürst von Solms-Braunfels, Durchlaucht.	Reinhard ÷ 1630. Sohn Moritz ÷ 1678. ÷ 1678.		Reinhard I. † 1562. Ernst d. Ä. † 1590. † 1718.	Hohen-Solms. Hermann Adolf † 1601. Ururenkel Friedr. Wilh. ÷ 1774 erbt Lich. Sohn Karl Christian wird Fürst 14./7. 1792. Ururenkel Herm. Adolf, seit 1838 reg. Fürst von Lich-Hohensolms, Durchlaucht.	Otto I. † 1522. Friedrich Magnus † 1561.

		Joh. Georg † 1600 erwirbt Wildenfels 1600.	Sonnenwalde. Otto † 1612 kauft Baruth 1596. † 1651.

Rödelheim.	Laubach.	Sonnenwalde mit Pouch.	
Friedrich ÷ 1640. ÷ 1640.	Albrecht Otto I. ÷ 1610. Enkel Karl Otto † 1676. † 1676.	Heinr. Wilh. † 1633. Enkel Otto Wilhelm † 1747.	

Sonnenwalde-Rösa.	Sonnenwalde-Alt-Pouch.
Karl (Georg Heinrich) † 1796. Urenkel Wilhelm Christian Joh. Moritz geb. 1828; reg. Graf.	Victor Friedr. † 1783. Enkel Klemens Peter Theodor geb. 1840; reg. Graf.

NB. Ein zweites Kreuz bedeutet das Erlöschen des Stammes.

Stammtafel j. S. 48.

Baruth.
Joh. Georg
† 1632.

Rödelheim.		Laubach.			Baruth.	
Johann August † 1680.		Johann Friedrich † 1696.		Enkel	Friedr. Sigismund I. † 1697.	
Rödelheim.	Assenheim.	Laubach.	Utphe.	Wildenfels.	Baruth.	Klitschdorf.
Ludwig † 1716.	Ludwig Heinr. † 1728	Friedr. Ernst † 1723.	Karl Otto † 1793.	Heinrich Wilh. † 1741.	Friedrich Sigismund II. † 1757.	Johann Christian I.
Lothar Wilh. † 1722.	erbt Rödelheim 1722.	Ururenkel Friedrich geb. 1833; reg. Graf, Erlaucht.	† 1793.		Ururenkel Friedr. Herm. Karl Adolf geb. 1821; reg. Graf.	Ururenkel Johann Chrift. Herm. geb. 1799.
† 1722.	Ururenkel Maximilian geb. 1826; reg. Graf, Erlaucht.					† 1877.
						† 1877.

Heinrich Karl
† 1746.

	Sachsenfeld.
Ururenkel Friedrich Magnus IV. geb. 1847; reg. Graf, Erlaucht.	Friedr. Ludw. † 1741. Ururenkel Arthur † 1872.
	† 1872.

Die Unterlinie Rödelheim erlosch schon 1640 mit dem Tode ihres Stifters, die Unterlinie Laubach mit dem Enkel ihres Stifters Karl Otto 1676. Nur die Unterlinien Sonnenwalde und Baruth hatten Bestand.

1. **Die Unterlinie Laubach-Sonnenwalde**, gegründet von Heinrich Wilhelm († 1632), blieb unter seinen Nachfolgern Otto Heinrich († 1711) und Otto Wilhelm († 1747 in Kragstadt), ungeteilt. Unter den Söhnen des letzteren Karl Georg Heinrich († 1796), vermählt mit Johanna Ulrike, Freiin von Münsterberg und Victor Friedrich († 1783), vermählt mit Wilhelmine, Gräfin von Dönhoff, kam es zu einer Teilung in die Speziallinie Rhaesa oder Röja und Alt-Pouch.

Den Stiftern folgten in der Linie Röja:

Karl Christian Benjamin Detlev († 1835), Karl Ernst Friedrich Moritz und Wilhelm Christian Johann Moritz, geb. 21. Mai 1828, jetziger Standesherr, vermählt 1856 mit Luise Gabriele Freiin von Bodenhausen; in der Linie Alt-Pouch:

Alfred († 1870); Friedrich Franz Alexander Theodor (Söhne des Stifters) und Klemens Peter Theodor, geb. 27. April 1840, vermählt 1865 mit Gräfin Katharina Solms-Sonnenwalde, Sohn des letzteren und jetziger Standesherr.

2. **Die Unterlinie Laubach-Baruth**, welche Graf Johann Georg († 1632) 1600 gestiftet hatte, teilte sich mit dessen Söhnen in drei Äste:

Johann August († 1680), gründete den Ast Rödelheim;

Johann Friedrich († 1696), den Ast Laubach;

Friedrich Siegmund I. († 1696), den Ast Baruth.

a. Der Ast Rödelheim teilte sich bei Johann Augusts Tode (1680) unter dessen beiden Söhnen Ludwig († 1716) und Ludwig Heinrich († 1728) in zwei Zweige: Rödelheim und Assenheim. Mit Ludwigs Sohn Lothar Wilhelm starb aber 1722 Rödelheim aus und fiel der Besitz Assenheim unter Ludwig Heinrich († 1728) zu, worauf der Ast wieder seinen ursprünglichen Namen Rödelheim annahm. Zwar ward der Besitz unter des letzteren Söhnen: Wilhelm Karl Ludwig und Ernst nochmals geteilt, aber bei Wilhelm Karl Ludwigs Tode 1778 wieder zusammengelegt. Ernst starb 1790. Ihm folgten von Vater auf Sohn: Vollrad († 1818), Karl († 1844) und Maximilian, der jetzt regierende Graf, geb. 1826, vermählt 1861 mit Thekla, Gräfin von Solms-Laubach.

b. Der Ast Laubach spaltete sich nach dem Tode des Stifters 1696 unter dessen Söhnen Friedrich Ernst († 1723), welcher den Ast fortsetzte, Karl Otto († 1743) und Heinrich Wilhelm († 1741) in die drei Zweige:

Laubach, Utphe und Wildenfels. Da Karl Otto kinderlos verstarb, so erlosch dieser Zweig mit seinem Tode 1743. Es blühten aber fort die Zweige Laubach und Wildenfels.

1. Zweig Laubach. Dem Stifter folgten: dessen Sohn Christian August († 1784), dessen Urenkel Friedrich (Sohn des 1772 verstorbenen Enkels Georg August Wilhelm), dann dessen Sohn Otto, geb. 1. Oktober 1799, † 22. Nov. 1872, vermählt 11. September 1832 mit Luitgarde Wilhelmine Auguste (geb. 4. März 1813, † 9. Juni 1870), Tochter des Fürsten von Wied, August Karl († 1864), Großvaters des regierenden Fürsten zu Wied, Wilhelm und der Königin von Rumänien, Elisabeth, endlich der jetzt regierende Graf Friedrich Wilhelm August Christian, geb. 23. Juni 1833, vermählt 23. Juli 1859 mit Marianne, Gräfin (Wilhelm) von Stolberg Wernigerode (Jannowitz), geb. 6. September 1836.

2. Zweig Wildenfels. Der Stifter dieses Zweiges Heinrich Wilhelm († 1741), hinterließ zwei Söhne, von denen der ältere: Heinrich Karl den Hauptzweig fortpflanzte, der jüngere Friedrich Ludwig († 6. Oktober 1741) den Nebenzweig zu Sachsenfeld gründete, der mit dessen Urenkel Arthur (geb. 1808, † 1872) erlosch, da derselbe nur Töchter hinterließ.

Dem Heinrich Karl († 1746), folgten: Friedrich Magnus I. († 1801), Friedrich Magnus II. († 1857), Friedrich Magnus III. († 1883), vermählt 1843 mit Ida, Gräfin Castell-Castell († 1882), endlich Friedrich Magnus IV., geb. 1847, vermählt 1874 mit Anna, Gräfin Bentinck, geb. 1855.

c. Der Ast Baruth, gestiftet von Friedrich Sigismund I. 1632, teilte sich schon unter dessen Söhnen Friedrich Sigismund II. († 1737) und Johann Christian I. († ? cf. Knesch(k)e, Grafenhäuser der Gegenwart II, S. 480) in zwei Zweige:

1. Zweig Baruth mit nachstehender Regentenfolge: Friedrich Sigismund II. († 1737), Friedrich Gottlieb Heinrich († 1787), Friedrich Karl Leopold († 1801), Friedrich Heinrich Ludwig, geb. 3. August 1795, † 1. Februar 1879, vermählt mit Bertha, geb. 23. April 1795, † 20. August 1832, Gräfin von Solms-Baruth-Klitschdorf; endlich Friedrich Hermann Karl Adolf, geb. 29. Mai 1821, vermählt 1. Nov. 1851 mit Gräfin Rosa Teleki von Szék, geb. 18. Oktober 1818.

2. Zweig Klitschdorf, gestiftet vom Grafen Johann Christian I. († 1726), hatte folgende Regenten: Johann Karl — Johann Christian II., geb. 29. Juli 1733, † 7. Oktober 1800, in zweiter Ehe vermählt 10. Juli 1767 mit Friederike Luise Sophie, Gräfin Reuß zu Köstritz, geb. 15. Februar 1748, † 5. Februar 1798. Seine Tochter aus dieser Ehe war:

Amalie, Gräfin von Solms-Baruth-Klitschdorf, geb. 30. Januar 1768, † 31. Okt. 1847, vermählt 20. Januar 1789 mit Karl Ludwig, Fürsten von Hohenlohe-Langenburg, geb. 10. September 1762, † 4. April 1825, Vater des Ernst Christian Karl Fürsten von Hohenlohe-Langenburg, geb. 7. Mai 1794, † 12. April 1860, vermählt 18. Febr. 1828 mit Anna Feodora Auguste Charlotte Wilhelmine, Prinzessin von Leiningen, geb. 7. Dezember 1807, † 23. September 1872 und Vater der Prinzessin Adelheid Victoria Amalie Luise Maria Konstanze von Hohenlohe-Langenburg, geb. 20. Juli 1853, vermählt 11. September 1856 mit Friedrich Christian August, Herzog zu Schleswig-Holstein-Sonderburg-Augustenburg, dem Vater
Ihrer Majestät der Kaiserin Augusta Victoria.

Der Zweig Klitschdorf blühte aber noch zwei Generationen fort in dem Sohn und Enkel Johann Christians II.

Heinrich Johann Friedrich († 1810), vermählt mit Henriette Emilie, Gräfin von Reichenbach-Goschütz und Johann Christian Hermann, geb. 2. Dezember 1799, † 15. März 1877, vermählt mit Marie Karoline Luise Julie von Maven. Mit ihm erlosch dieser Zweig 1877.

Die sehr schwierige Übersicht dieser vielfachen Verzweigung des Hauses Solms wird wesentlich erleichtert durch vorstehende Tafel (S. 44 u. 45), welcher obiger Text zu Grunde liegt, wobei wir aber nicht weiter zurückgehen, als bis zu der Hauptteilung in die Linie Braunfels und Lich.

Otto, Graf Solms, † 1409, vermählt mit Gräfin Agnes von Falkenstein und Münzenberg, hatte alle solms'schen Besitzungen in seiner Hand vereinigt. Er ward der Stammvater des ganzen solm'schen Geschlechts, das sich unter seinen Söhnen Bernhard und Johann zunächst in zwei Hauptlinien, die Bernhardische und Johannische oder nach dem resp. Territorialbesitz in die Linie Braunfels und Lich teilte.

Die solms'schen Besitzungen liegen gegenwärtig sehr zerstreut. Die meisten stehen unter preußischer und hessischer Landeshoheit, manche gehören aber auch zu Sachsen und Würtemberg. Ihre Stammlande grenzten so nahe an die ehemalig nassauischen, daß schon dieser Umstand die auch allgemein angenommene Verwandtschaft beider Häuser sehr wahrscheinlich macht. Diese Annahme wird, wie wir oben sahen, auch dadurch bestärkt, daß die Stammwappen beider Geschlechter sich ursprünglich mit der einzigen Abweichung völlig glichen, daß Nassau einen goldenen Löwen in blauem mit goldenen Schindeln bestreuten, Solms einen blauen Löwen in goldenem mit blauen Schindeln bestreuten Felde führte, ein Wechsel von Farbe und Metall, wie er im frühen Mittelalter zur Unterscheidung verschiedener Linien desselben Geschlechtes häufig vorkam.

Daß die ursprünglich gewiß gleichen Standesrechte der einzelnen Linien gegenwärtig verschieden sind, findet, abgesehen von der Erhebung zweier derselben in den Fürstenstand, darin seine Erklärung, daß im Laufe der Zeit zu den stets reichsunmittelbaren Besitzungen viele, bereits Landeshoheiten unterworfene, hinzugekommen sind, deren Besitzer mithin nicht gleiche Rechte mit ihren übrigen Familiengenossen beanspruchen konnten. Hierüber bemerkt Kneschke, „Deutsche Grafenhäuser der Gegenwart" nachstehendes, welches mit den Angaben in den gothaischen Hof- und Grafenkalendern, sowie im Handbuch zu den letzteren übereinstimmt.

„Im deutschen Reiche hatte das Haus Solms in Betracht der im oberrheinischen Rheinkreis gelegenen Stammbesitzungen, Reichsunmittelbarkeit, Landeshoheit, Reichs- und Kreisstandschaft. Reichsstandschaft hatte es durch fünffache Teilnahme an der reichsgräflich wetterauischen Kuriatstimme im Reichsfürstenrate. Den Fürsten zu Solms-Braunfels verhieß der Reichsdeputations-Hauptschluß von 1803 eine Virilstimme im Reichsfürstenrate. Kreisstandschaft hatte Solms im Oberrheinkreis; Braunfels auf der Fürstenbank; Rödelheim, Hohen-Solms und Laubach auf der wetterauischen Grafen- und Herrenbank. Für Verluste gewährte der Reichsdeputations-Hauptschluß von 1803 den Fürsten und Grafen von Solms die Abteien Arnsburg und Altenburg im Solmsschen. In der rheinischen Bundesakte wurden 1806 die solms'schen reichsunmittelbaren Besitzungen der großherzoglich hessischen Staatshoheit untergeordnet, während die Ämter Braunfels und Greifenstein und das Amt Hohensolms als Standesherrschaften unter nassauische Staatshoheit gelangten, 1815 aber durch die Wiener Kongreßakte der Krone Preußen standesrechtlich untergeordnet wurden. Die solms-rödelheim'sche Hälfte des Marktfleckens Praunheim kam 1816, durch Vertrag zwischen Kur- und Großherzogtum Hessen, standesrechtlich unter Kurhessen (und ist infolge dessen gegenwärtig preußisch). Was das standesherrliche Besitztum des fürstlichen Hauses Solms-Braunfels anlangt, so stehen die Ämter Braunfels und Greifenstein unter Staatshoheit der Krone Preußen, die Ämter Hungen, Gambach und Wölfersheim aber unter großherzoglich hessischer Staatshoheit. Der Anteil an der standesherrlichen Grafschaft Limpurg-Gaildorf steht unter Staatshoheit der Krone Würtemberg, Solms-Lich und Hohen-Solms besitzt als Standesherrschaften das Amt Hohensolms unter preußischer und die Ämter Lich und Niederweisel unter großherzoglich hessischer Staatshoheit.

Sonnenwalde ist Standesherrschaft der Nieder-Lausitz, Alt-Pouch und Rhaesa (Röja) — im preußischen Regierungsbezirk Merseburg — sind Rittergüter; Rödelheim und Assenheim, früher reichsständisch mit Sitz und Stimme im wetterauischen Grafenkollegium, stehen jetzt standesrechtlich, die Hälfte von Praunheim ausgenommen, unter großherzoglich hessischer Staatshoheit. Die Ämter Laubach und Utphe, vormals reichsunmittelbar und reichsständisch, sind standesherrlich der großherzoglich hessischen Staatshoheit untergeordnet. Die Standesherrschaft Wildenfels (Kreis Zwickau) steht unter Staatshoheit der Krone Sachsen. (Von dem deutschen Bundestage wurde für Solms-Laubach und Wildenfels auf großherzoglich hessischen Antrag vom 19. März und 2. April 1819 das Prädikat „Erlaucht" bestimmt, für Solms-Wildenfels wegen Engelthal, einer ehemalig nicht reichsständischen und nicht reichsunmittelbaren Cistercienser Frauen-Abtei, welche im Reichsdeputations-Hauptschluß 1803 an Leiningen kam, in demselben Jahre aber noch von Solms-Wildenfels gekauft und 1822 verkauft wurde.) Baruth ist Standesherrschaft der Provinz Brandenburg und seit 1822 Majorat. Klitschdorf und Wehrau sind Herrschaften in der preußischen Provinz Schlesien."

Vom gegenwärtigen solms'schen Wappen steht nur so viel fest, daß es das oben beschriebene Stammwappen, mit Ausnahme der später wegfällig gewordenen Schindeln, enthält. Das infolge der hinzugekommenen Besitzungen vermehrte Wappen ist nicht einmal bei allen Linien übereinstimmend und über die Bedeutung und Rangstellung unter den Heraldikern Streit, worauf wir uns hier nicht einlassen können.

Nach dem historisch-heraldischen Handbuch der gräflichen Häuser ist das Wappen senkrecht und an beiden Seiten wieder senkrecht und wagrecht geteilt, sodaß jede Seite 4 Felder enthält. Davon haben wieder — an der rechten Seite — 1 und 4 von rot und gold eine Querteilung wegen Münzenberg; 2 und 3 den blauen Löwen in Gold „wegen Solms", — eine schwer verständliche Zurückstellung des Stammwappens, — an der linken Seite, 1 und 4 einen silbernen Löwen in Schwarz, wegen Sonnenwalde, 2 und 3 eine sechsblätterige wilde schwarze Rose in Gold.

Das Wappen ist mit 4 Helmen bedeckt. Auf dem rechten Helme, den der Fürsten=
hut ziert, steckt unten in einer goldenen Kugel ein Pfauenschweif, rechts und links von
einem rot=gold quergeteilten Fähnlein begleitet, auf dem zweiten Helme, der ungekrönt
ist, sitzt zwischen einem rot=gold quergeteilten Adlerfluge ein blauer Löwe. Beide linke
Helme sind gekrönt. Aus dem dritten Helme wächst ein einwärts gekehrter silberner
Löwe; der vierte trägt die beschriebene schwarze Rose. Nach der nämlichen Reihen=
folge sind die Helmdecken: rot=golden, blau=golden, schwarz=silbern und golden=schwarz.

VIII.

Abstammung von den Grafen und Fürsten von Stolberg.

Wie alt sind die Stolberg? eine Frage, welche alle darüber vorhandenen Quellen ungenügend beantworten. Nur bis zum 11. Jahrhundert lassen sie sich urkundlich verfolgen. Daß sie aber in eine weit ältere Zeit zurückgehen, läßt sich daraus annehmen, daß wir sie schon bei diesem ersten sicheren Auftreten mit ihrem gegenwärtigen Geschlechtsnamen antreffen. Einige ältere Genealogen, namentlich Hübner in seinen Geschlechtstabellen, bringen sie in unmittelbaren Zusammenhang mit den alten Grafen von Wernigerode. Geradezu bestreiten läßt sich dies nicht, nachweisen aber auch nicht, obwohl die kurz vor deren Aussterben (3. Juni 1429), im Jahre 1417 zwischen Heinrich IV., Grafen von Wernigerode und Botho dem Älteren, Grafen von Stolberg abgeschlossene Erbverbrüderung darauf hindeutet. Die Stolberg bedürfen aber eines solchen Nachweises nicht, der nur antiquarischen Wert haben könnte.

Wir beschränken uns darauf eine Übersicht ihrer Linien und der Territorialverteilung ihres Besitzes zu bringen. Daher genügt es, die Stammfolge mit Heinrich I. zu beginnen, welcher von 1210—1239 als Graf von Stolberg genannt wird. Seine Besitzungen erstreckten sich von der thüringischen Grafschaft Stolberg — der bekannten Wiege des Geschlechts — bis östlich über den Harz hinaus.

Unter seinen beiden Söhnen Heinrich II. (1242—1272) und Friedrich (1242 bis 1282) kam die erste Gebietsteilung vor.

Ersterer erhielt Stolberg, letzterer Vockstädt, südlich von Sangerhausen als Hauptsitz. Doch erlosch diese Linie schon 1346 mit seinem Enkel. Inzwischen waren sich in der Linie Stolberg drei Generationen gefolgt, bis dieselbe mit der vierten 1329 eine Unterteilung in Stolberg und Roßla vornahm. Als letztere mit dem Sohn des Stifters 1367 ausging, waren alle Besitzungen der älteren Linie wieder zugefallen. Es kamen aber bald neue Erwerbungen hinzu. In den Jahren 1412 und 1413 kaufte Botho der Ältere (1403—1455), dessen Mutter eine Gräfin Elisabeth von Hohnstein gewesen, den größten Teil dieser Grafschaft, und erwarb bald darauf von Dietrich II. von Hohnstein das Amt Heringen und mit Schwarzburg-Rudolstadt zusammen das Amt

Kelbra. Endlich erwarb er 1429, infolge der erwähnten Erbverbrüderung, die Graf=
schaft Wernigerode. Sein Enkel, Botho der Jüngere (1511—1538), vermählte sich
mit Anna von Eppstein (Königstein und Rochefort und erbte 1535 von seinem
Schwager Eberhard IV., dem letzten Herrn von Eppstein, dessen Besitzungen. Da
Kurmainz sich aber der Herrschaft Königstein bemächtigte, so verblieben ihm davon nur
Ortenberg und Gedern in der Wetterau, sowie die damit verbundenen Rochefort'schen
Graf- und Herrschaften im Luxemburgischen und Lüttich'schen.

Dieser große Besitz ward aber unter seinen fünf Söhnen Wolfgang 1538—1552,
Ludwig 1544—1574, Heinrich X. 1538—1572, Albrecht Georg 1538—1587 und
Christoph dem Älteren 1538—1581, in Stolberg, Rochefort, Wernigerode und
Königstein wieder geteilt, welches letztere die beiden jüngsten Söhne gemeinschaft=
lich erhalten zu haben scheinen. Dieselben verstarben aber kinderlos und so fiel der
ihnen zu Gute gekommene Teil von Königstein: Ortenberg und Gedern wieder an die
übrigen Linien zurück. Botho des Jüngeren Tochter Katharina ward aber durch ihre
Vermählung mit Albrecht, letztem Grafen von Henneberg, Veranlassung, daß dieser
seinen Schwager, den Grafen Heinrich X. von Wernigerode testamentarisch zum Erben
von Schloß und Flecken Schwarza einsetzte, welche ihm bei dessen Tode, 1549, zufielen.

Auch die Linie Rochefort war 1574 mit ihrem Stifter, dem Grafen Ludwig,
erloschen und 1631 auch die Linie Stolberg, welche sich — wahrscheinlich, weil sie die
ältere war, die zuerst Besitzungen am Harz hatte — die Harzlinie, im Gegensatz
zur Rheinlinie nannte, obwohl diese inzwischen auch Harzbesitzungen (Wernigerode)
erworben, mit Wolfgang Georg ausgestorben.

Inzwischen hatten sich die Söhne des 1572 verstorbenen Heinrich X.: Ludwig
Georg (1587—1618) und Christoph II. (1572—1638) in die Wernigerode'schen
Besitzungen geteilt, wobei jener Ortenberg, dieser Wernigerode erhielt. Mit dem Tode
von Ludwig Georgs Sohne Volrad 1641, fiel Ortenberg jedoch wieder an Christophs II.
Söhne: Heinrich Ernst I. von Wernigerode (1638—1672) und Johann Martin I.
(1638—1669) zurück, welche als einzige Vertreter des ganzen Stolberg-Geschlechts
deren Besitzungen teilten und die beiden noch blühenden Hauptlinien Wernigerode
und Stolberg gründeten.

Da jeder von ihnen zwei Söhne hinterließ, so fand nach ihrem resp. Tode eine
nochmalige Unterteilung statt.

Von Heinrich Ernsts Söhnen pflanzte Ludwig Christian (1672—1710) den
Hauptstamm fort und erhielt Ernst Ilsenburg (1672—1710). Da letzterer aber
keine Söhne hinterließ, entstand dadurch keine neue Speziallinie.

Umgekehrt verhält es sich mit der Hauptlinie Stolberg. Johann Martins älterer
Sohn Friedrich Wilhelm (1669—1694) starb ohne Manneserben, sodaß sein Anteil
dem jüngeren Bruder Christoph Ludwig I. (1669—1704) zufiel, welcher die Spezial=
linie Ortenberg gestiftet hatte, die dadurch zur Hauptlinie (Stolberg) ward.

Selten aber vollzog sich wohl je eine Linienteilung so regelmäßig, wie unter den
gleichzeitigen Häuptern der beiden Hauptlinien Wernigerode und Stolberg. Beide

hatten Söhne hinterlassen, jener drei: Friedrich Karl (1710—1767), Heinrich August (1710—1748) und Christian Ernst (1710—1771): dieser zwei: Christoph Friedrich (1704—1738) und Justus Christian (1704—1739).

Jeder von ihnen stiftete eine neue Speziallinie. Dadurch entstanden in obiger Folge die Wernigerode'schen Unterlinien: Gedern, Schwarza und Wernigerode; und die Stolberg'schen Unterlinien: Stolberg und Roßla.

Die Linie Schwarza erlosch mit dem Tode ihres Stifters 1748. Friedrich Karl, Graf von Gedern ward am 18. Februar 1742 in den Fürstenstand erhoben. Er hinterließ zwei Söhne, von denen der ältere, Ludwig Christian († 1770) verzichtete und der jüngere Christian Karl, 1764, vor dem Vater verstarb, worauf diesem der Enkel Karl Heinrich folgte. Mit ihm erlosch aber diese Linie am 5. Juni 1804.

Eine Tochter des ersten Fürsten von Stolberg-Gedern, Friedrich Karl, vermählt mit Luise, Gräfin von Nassau-Saarbrück, war die Prinzessin Karoline, geboren 27. Juni 1731, † 28. Mai 1796, Gemahlin des Fürsten Christian Albrecht Ludwig von Hohenlohe-Langenburg, geboren 27. März 1726, † 4. Juli 1789, vermählt 23. Juni 1761, die Urnrgroßmutter Ihrer Majestät der Kaiserin.

Nach dem Aussterben der Unterlinie Gedern 1804 bestanden nur noch die ältere Spezial- jetzt Hauptlinie Stolberg-Wernigerode und die beiden jüngeren Speziallinien Stolberg-Stolberg und Stolberg-Roßla.

1. Speziallinie Stolberg-Wernigerode.

Wohnsitz: Schloß Wernigerode am Harz: Stifter Christian Ernst, geb. 2. April 1691, † 25. Oktober 1771, vermählt 31. März 1712 mit Sophie Charlotte, Gräfin von Leiningen-Westerburg, geb. 22. Februar 1695, † 10. Dezember 1762.

In dieser Linie folgten sich von Vater auf Sohn nach dem Recht der Erstgeburt:

Heinrich Ernst, geb. 7. Dezember 1716, † 24. Oktober 1778, am 12. Juli 1742 in zweiter Ehe vermählt mit Christiane Anna Regina, Prinzessin zu Anhalt-Cöthen, geb. 5. Dezember 1726, † 2. Oktober 1790.

Christian Friedrich, geb. 8. Januar 1746, † 26. Mai 1824, vermählt 11. November 1768 mit Auguste Eleonore, Gräfin Stolberg-Stolberg, geb. 10. Januar 1748, † 12. Dezember 1821.

Heinrich, geb. 25. Dezember 1772, † 16. Februar 1854, vermählt 4. Juli 1799 mit Karoline Alexandrine Henriette Jenny, Prinzessin von Schönburg-Waldenburg, geb. 4. Oktober 1780, † 29. August 1809.

Da der Erbgraf Hermann, geb. 30. September 1802, † 24. Oktober 1841, vermählt 22. August 1833 mit Emma Luise Sophie Victoria Henriette Adelheide Charlotte, Gräfin zu Erbach-Fürstenau, geb. 11. Juli 1811, † ?, vor seinem Vater gestorben war, folgte diesem Graf Hermanns ältester Sohn:

Otto, geb. 30. Oktober 1837, vermählt 22. August 1863 mit Anna Elisabeth, Prinzessin Reuß j. L., (Heinrich LXIII.), geb. 9. Januar 1817, 1854 als regierender Graf.

Territorialbesitz.

Die Linie Wernigerode besitzt:

1. unter preußischer Landeshoheit:

 a. die Grafschaft Wernigerode, über 5 ☐ Meilen und das Amt Schwarza 0,27 ☐ Meilen, in der Provinz Sachsen;

 b. das Amt Sophienhof, Jagdschloß mit dem hohnstein'schen Forste von 22,800 Morgen und dem Dorfe Rothesütte, ca. 600 Einwohner, in Provinz Hannover;

 c. Herrschaft Peterswaldau (8 Dörfer mit ca. 8000 Einwohnern), Herrschaft Jannowitz und Knpferberg (6 Dörfer mit ca. 3000 Einwohnern), Rittergut Kreppelhof bei Landeshut (5 Dörfer mit ca. 3000 Einwohnern), in der Provinz Schlesien;

2. unter großherzoglich hessischer Landeshoheit:

 die Herrschaft Gedern in der Wetterau, 0,62 ☐ Meilen, mit ca. 4000 Einwohnern, in der Provinz Oberhessen.

Besonders aus dieser Linie haben wir eine Reihe von Männern zu verzeichnen, welche im Dienste des Staates, wie der Humanität sich einen ehrenvollen Namen erworben.

Hierher gehört zunächst der Großvater des regierenden Herrn, Graf Heinrich, Mitglied des preußischen Staatsrats, außerdem bekannt als Gelehrter und Sammler wertvoller Altertümer. Ihm hauptsächlich verdankt die 30,000 Bände starke Bibliothek des Wernigeroder Schlosses ihre Bedeutung, namentlich auch in Beziehung auf seltene Bibeln und Hymnologie. Von dessen Brüdern war Graf Ferdinand, Regierungspräsident in Liegnitz, Wirklicher Geheimerat und Mitglied des Staatsrats und Graf Anton preußischer Oberstkämmerer und Hausminister. Sein Sohn war der unvergeßliche Graf Eberhard, Kanzler des Johanniterordens, Wirklicher Geheimerat, Vice-Oberjägermeister und Oberpräsident von Schlesien, Besitzer des obengenannten Rittergutes Kreppelhof.

Unter den noch lebenden Mitgliedern dieser erlauchten Familie nennen wir den Sohn eines anderen Bruders des Grafen Heinrich, nämlich des Grafen Konstantin, den Grafen Wilhelm, Majoratsherrn von Jannowitz und Kupferberg, preußischer General der Kavallerie, Chef des 1. schlesischen Dragoner-Regiments Nr. 4, Ritter des Schwarzen Adlerordens, und endlich das gegenwärtige Haupt dieser Linie, den Grafen Otto, preußischer Generallieutenant und Oberstkämmerer, vordem auch Kanzler des Johanniterordens und stellvertretenden Hausminister.

2. Spezallinie Stolberg-Stolberg.

Wohnsitz: Schloß Stolberg am Harz. Stifter: Christoph Friedrich, geb. 18. Sept. 1672, † 22. August 1738, vermählt 25. September 1701 mit Henriette Katharina, Freiin von Bibra und Modlau, geb. 7. September 1680, † 24. Oktober 1748.

Er hinterließ zwei Söhne, Christoph Ludwig II. und Christian Günther, welche einen Haupt= und Neben=Ast stifteten.

1. Haupt=Ast.

(1) Christoph Ludwig II., Haupt des älteren, regierenden Zweiges, geb. 14. März 1703, † 20. August 1761, vermählt 4. März 1737 mit Luise Charlotte, Gräfin zu Stolberg=Roßla, geb. 5. Juni 1716, † 15. Juni 1796. Ihm folgten von Vater auf Sohn:

Karl Ludwig, geb. 18. Februar 1742, † 2. August 1815, vermählt 22. Sept. 1768 mit Jeannette Alexandrine Charlotte, Gräfin von Flemming, geb. 17. September 1748, † 12. Mai 1818.

Joseph Christian Ernst Ludwig, geb. 21. Juni 1771, † 27. Dezember 1839, vermählt 1. Juli 1819 mit Luise Auguste Henriette, Gräfin zu Stolberg=Stolberg, geb. 19. Januar 1799, † ?.

Alfred, geb. 23. November 1820, vermählt 5. Juni 1848 mit Auguste Amalie Ida, Tochter des Fürsten, Georg von Waldeck und Pyrmont, jetzt regierender Graf.

2. Neben-Ast.

(2) Christian Günther, geb. 29. Juni 1714, † 22. Juni 1765, dänischer Wirklicher Geheimerat, Oberhofmeister der Königin Sophie Magdalena, Gemahlin Christians VI., vermählt 26. Mai 1745 mit Christiane Charlotte Friederike, Gräfin zu Castell=Remlingen, geb. 5. Dezember 1722, † 22. Dezember 1773. Er hinterließ zwei Söhne:

Christian und Friedrich Leopold, beide berühmt als Gelehrte und Dichter.

Christian, geb. 15. Oktober 1748, † 18. Januar 1821, vermählt mit Luise, Gräfin von Reventlow, dänischer Amtmann in Tremsbüttel, welches Amt er 1800 niederlegte, um fortan auf seinem Gute Windebye bei Eckernförde zu leben, hinterließ keine Kinder.

Friedrich Leopold, geb. 17. November 1750, † 5. Dezember 1819, vermählt 11. Juni 1782 mit Henriette Eleonore Agnes von Witzleben, geb. 9. Oktober 1761, † 15. November 1788. Er ward nach einem bewegten Staatsleben 1791, Präsident des fürstbischöflichen Kollegs in Eutin, legte aber 1800 sein Amt nieder und trat mit seiner ganzen Familie zum Katholizismus über, indem er sich auf sein Gut Sondermühlen bei Osnabrück zurückzog. Aus einer zweiten Ehe mit Sophie, Gräfin von Redern, hinterließ er 2 Söhne, aus der ersten Christian Ernst, österreichischer Feldmarschallieutenant, geb. 22. Mai 1783, † 22. Mai 1846, vermählt 24. November 1818 mit Josephine, Gräfin von Gallenberg, geb. 10. Mai 1784, † 19. März 1839. Deren Sohn war

Gustav Günther Christian Weighardt Stephan, geb. 22. November 1820, vermählt 1. am 7. Juli 1862 mit Christine, Gräfin Kálnocki von Köröspotok, † 1877: 2. am 25. September 1878 mit Anna Gräfin von St. Genois. Aus keiner dieser Ehen gingen Kinder hervor.

Territorialbesitz.

Die Linie Stolberg-Stolberg besitzt:

unter preußischer Hoheit:

a. den einen Teil der Grafschaft Stolberg, 2 ☐ Meilen mit ca. 7000 Einwohnern. Es gehören dazu 26,000 Morgen Wald;

b. das Amt Heringen, 2,25 ☐ Meilen mit ca. 9000 Einwohnern;

c. das Amt Neustadt, 1,5 ☐ Meilen mit ca. 8000 Einwohnern.

3. Speziallinie Stolberg-Roßla.

Wohnsitz: Schloß Roßla am Harz. Stifter Justus Christian, geb. 24. Oktober 1676, † 13. Juni 1739, vermählt 1. Oktober 1709 mit Emilie Auguste, Gräfin Stolberg-Gedern, geb. 11 Mai 1687, † 21. Juni 1730.

Von Vater auf Sohn folgten ihm:

Johann Martin, geb. 6. Juni 1728, † 8. Oktober 1795, vermählt 7. Januar 1765, mit Sophie Charlotte, Burggräfin von Kirchberg, geb. 11. Oktober 1731, † 5. März 1772.

August Friedrich Botho Christian, geb. 25. September 1768, † 8. Dezember 1846, vermählt 22. Oktober 1811 mit Karoline Auguste Luise Henriette Amalie, Gräfin zu Erbach-Schönberg, geb. 9. September 1785, † ?.

Karl Martin, geb. 1. August 1822, † 23. Januar 1870, vermählt 1. März 1849 mit Bertha, Gräfin Solms-Rödelheim und Assenheim, geb. 27. Dezember 1824.

Botho August Karl, geb. 12. Juli 1850, vermählt 1. 20. Mai 1879 mit Maria, Gräfin Arnim Zichow, geb. 23. März 1859, † 12. März 1880; 2. 27. September 1883 mit Hedwig, Gräfin von Isenburg-Büdingen, geb. 1. November 1863, regierender Graf.

Territorialbesitz.

Die Linie Stolberg-Roßla besitzt:

1. unter preußischer Landeshoheit;
   den anderen Teil der Grafschaft Stolberg, 3⅓ ☐ Meilen mit ca. 10,000 Einwohnern und das Amt Kelbra, 1½ ☐ Meilen mit ca. 4000 Einwohnern. Dieser Teil der Grafschaft enthält 18,000 Morgen Forst;

2. unter großherzoglich hessischer Landeshoheit:
   die Standesherrschaft Ortenberg, 1,5 ☐ Meilen mit ca. 4000 Einwohnern;

3. unter herzoglich anhaltischer Landeshoheit:
   das Amt Berenrode.

Wenn die Zerteilung der stolberg'schen Besitzungen sich auf bescheideneres Maß, wie diejenigen mancher anderen Geschlechter beschränkt, so findet dies in den sehr weisen Anordnungen seinen Grund, welche verschiedene Familienhäupter in dieser Beziehung getroffen haben. Der Stifter der älteren Hauptlinie, Graf Ludwig Christian, legte 1710 allen seinen Besitzungen die Eigenschaft eines Familienfideikommisses bei und verteilte Gedern, Schwarza und Wernigerode unter seine drei Söhne, indem er für ihre Nachkommen die Nachfolge nach der Erstgeburt vorschrieb. Von seinen Söhnen errichtete Christian Ernst von Wernigerode 1739 eine eigene Primogenitur-Ordnung. Aber auch in der jüngeren Hauptlinie führte Christoph Ludwig von Ortenberg die Nachfolge nach dem Recht der Erstgeburt ein. Ein am 13. Mai 1737 errichteter Primogenitur-Vertrag wurde am 9. Februar 1742 von der damals zuständigen kursächsischen Seite landes- und lehnsherrlich bestätigt. Im deutschen Reiche hatte es Reichsstandschaft durch dreifache (Stolberg-Gedern mit Roßla-Ortenberg, Wernigerode und Stolberg) Teilname an der reichs= gräflich wetterauischen Kuriatstimme; doch waren vor 1804 nur Gedern und Roßla wegen ihrer Anteile an der Grafschaft Königstein durch reichsständische Besitzungen dazu qualifiziert. Der Graf von Wernigerode war reichsständisch gräflicher Personalist und erst seit dem 5. Januar 1804, als Wernigerode in Gedern folgte, wurde derselbe reichsständischer Realist. Der Graf von Stolberg war nur reichsständisch-gräflicher Personalist. Kreisstandschaft hatte das Haus Stolberg wegen der Grafschaft Stolberg im obersächsischen, sowie wegen des Anteils an Königstein im oberrheinischen Kreise.

Die Grafschaft Stolberg stand im deutschen Reiche unter kursächsischer, seit 1815 unter preußischer, die Grafschaft Wernigerode unter kurbrandenburgischer und die Grafschaft Hohnstein unter kurbraunschweigischer Landeshoheit und Landesherrlichkeit. Doch waren und sind durch Verträge (wegen Stolberg von 1738, wegen Wernigerode vom 19. Mai 1714 und 28. September 1814, wegen Hohnstein vom 27. März 1733 und 4. August 1821) dem Hause Stolberg so ansehnliche obrigkeitliche Gerecht= same eingeräumt, daß es in allen diesen Besitzungen eine vertragsmäßige reichs= mittelbar (sonst) untergeordnete Landeshoheit auszuüben hat.

Für den Verlust des infolge des Lüneviller Friedens von 1801 an Frankreich gekommenen Rochefort und die stolberg'schen Ansprüche auf Königstein, wurde dasselbe mit einer Jahresrente von 30,000 fl. vom Ertrage der Rheinschifffahrts=Octroi ent= schädigt. Die gedern'sche Hälfte der rochefort'schen Landesteile gab Frankreich, mit Aufhebung der Fundalgerechtsame, der gedachten Linie zurück, weil sie am Reichskriege keinen Anteil genommen hatte. Durch die Rheinbundakte wurden Gedern und Orten berg der Staatshoheit des Großherzogtums Hessen standesherrlich untergeordnet. Wernigerode und Hohnstein kamen infolge des Tilsiter Friedens 1807 zum Königreich Westphalen. Die Wiener Kongreßakte brachte 1815 Hohnstein wieder unter Hannover und Wernigerode unter Preußen. Die Staatshoheit über Stolberg und Schwarza gelangte von der Krone Sachsen an Preußen. Dieses erkannte die Grafen von Stolberg= Wernigerode, Stolberg=Stolberg und Stolberg=Roßla für Standesherren im Sinne der deutschen Bundesakte und hat die Häupter dieser drei Linien als solche zu dem Prädikate: „Erlaucht" berechtigt, 1829 bei der Bundesversammlung angemeldet.

Das stolberg'sche Wappen hat infolge der vielen darin vertretenen Besitzungen zahlreiche Felder. Es ist 4 mal der Länge nach in 5 Pfähle geteilt. Pfahl 1 führt im goldenen Schildeshaupt einen rechtsgehenden schwarzen Hirsch von 12 Enden.

(Stolberg'sches Stammwappen) darunter in Silber 2 aufgerichtete, mit Kopf und Schwanz einander zugeneigte rote Forellen. (Wernigerode) Pfahl 2 ist in der Mitte quergeteilt und enthält in seiner, wieder quergeteilten oberen Hälfte resp. einen aufgerichteten, rechtsgekehrten schwarzen Löwen in Gold, (Königstein) und eine 6 fache, sparrenartige Teilung von Silber und Rot. (Eppstein), die untere Hälfte ist von Rot und Gold quergeteilt. (Münzenberg) Pfahl 3 enthält bei gleichartiger Teilung in der oberen Hälfte, resp. einen rechtssehenden schwarzen Adler in Gold (Rochefort) und einen dreireihigen, je achtfeldrigen Querbalken von Silber und Rot in Gold (Mark); in der unteren eine 10 fache Querteilung von Gold und Rot. (Agimont) Pfahl 4 und 5 bilden zusammen einen viergeteilten Schild mit Mittelschild. Letzteres enthält das Stammwappen in Silber, 1 und 4 sind von Silber und Rot in 4 Reihen, jede zu 3 Feldern geschacht; 2 und 3 quergeteilt, aber in Rot ein rechtsstreitender goldener Löwe, unten von Gold und Rot 8 mal quergeteilt. (Grafen von Hohnstein, Herren von Hohnstein, Lauterburg und Clettenberg.) Auf dem Schilde erheben sich 3 Helme. Der rechte gekrönte Helm trägt einen Pfauenschweif zwischen 2 silbernen Straußenfedern (Stolberg). Auf dem mittleren mit einem roten Erzherzogshute (seit 1597) bedeckten Helme steht ein Hirschgeweih von 12 Enden und zwischen demselben wächst aus dem goldenen Knopfe des Hutes ein Pfauenschweif, die rechte Stange des Geweihes ist silbern, die linke rot. Auf dem linken gekrönten Helme steht ein roter Adler, hinter demselben ein Pfauenschweif. Die Decken des rechten Helmes sind schwarz und golden, des mittleren rot und silbern, des linken golden und rot.

IX.

Abstammung von den Grafen und Fürsten von Plauen=Reuß.

Ein seltener Gegensatz findet sich in den Schicksalen der Geschlechter von Hohenzollern und Planen, genannt von Reuß. Dort entwickelte sich aus den kleinsten Anfängen nur durch eigene Kraft ein gewaltiger Staat; hier sank eine in jeder Weise begünstigte Macht zu zwei winzigen Fürstentümern herab. Dort ward unter tausend Kämpfen, unter unsäglichen Schwierigkeiten das höchste irdische Ziel erreicht, hier kampflos und durch freien Entschluß mühelos Erreichtes wieder aufgegeben. Es ist nicht am Platze dies Bild in seinen Einzelheiten weiter zu verfolgen. In Betreff der Hohenzollern setzen wir eine genaue Kunde ihrer Geschichte voraus, in Betreff der plauen'schen Fürsten beschränken wir uns auf Wiedergabe historischer Thatsachen.

Die ältere Geschichte verliert sich, wie diejenige aller älteren Geschlechter, in das Dunkel der Sage und unverbürgter Überlieferung. Stammtafeln können nur künstlich zusammengestellt werden, haben aber auch für diese Zeit keinen Wert, weil nennenswerte Handlungen von den einzelnen Personen nicht zu verzeichnen sind. Als Anhalt für die Geschichte dient daher nur, daß die Planen weiblicher Seits Nachkommen der Herren von Gleisberg gewesen sein sollen, welche das Gaugrafenamt im westlichen Sorbenlande inne hatten. Zur Zeit Otto des Großen, also um die Mitte des 10. Jahrhunderts, werden zwei Brüder: Aribo und Sizzo aus jenem Geschlechte genannt, deren einzige Schwester und Erbin sich mit einem sächsischen Edlen namens Eckbert vermählte, welcher seinen Schwägern im Gleisberg'schen Grafenamt folgte. Wie dies damals häufig geschah, verstanden es seine Nachkommen, dies kaiserliche Gnadenamt in eine Grafschaft eigener Gnade umzuwandeln. Dies war 1143, wo wir Heinrich dem Reichen begegnen, schon vollzogene That. Er erscheint in seiner Art als mächtiger Herr, wie er auch nach seinen vielen Besitzungen der Reiche hieß, und nennt sich abwechselnd nach seinem Hauptsitz Advocatus de Plawe (Planen) und der von ihm erbauten Stadt Weida „Edler Voigt von Weida".

Angeblich war er Marschall Kaiser Friedrichs I. Barbarossa und hatte dessen nahe Anverwandte, eine Bertha von Kärnthen, geehelicht. Der Kaiser bewies ihm schon dadurch das größte Vertrauen, daß er ihn zum „Vogt" seines Krouguts — eines für damalige Zeit ausgedehnten Landbezirks machte, welcher dem Kaiser unmittelbar unterstand und seit dem 11. Jahrhundert terra advocatorum — Voigtland — hieß. Hierzu gehörte nämlich: der ehemalige voigtländische Kreis des Königreichs Sachsen, die jetzt großherzoglich weimar'schen Ämter Weida und Ziegenrück, die gegenwärtigen Besitzungen der Fürsten von Reuß, die ehemalige Landeshauptmannschaft Hof — jetzt bayrisch — und das jetzt Sachsen-Altenburgische Amt Ronneburg.

Wie dort das Grafenamt, ward hier das Voigtamt bald zum Titel eines erblichen Besitzes, über den die Grafen frei verfügten. Auch Barbarossas Sohn Heinrich VI. bewahrte ihnen seine Gnade, sodaß diesem Kaiser zu Ehren der Sohn jenes kaiserlichen Marschalls nicht nur alle seine Söhne (3) Heinrich nannte, sondern auch für immer diesen Taufnamen seinen Nachkommen vorschrieb. Inzwischen fiel das Haupt des letzten Hohenstaufen unter dem Henkerbeil, aber dem „Voigt von Weida" ward damit das Glück nicht untren. Der nämliche Kaiser Sigismund, welcher 1411 dem hohenzoller'schen Burggrafen Friedrich VI. von Nürnberg die Mark Brandenburg anvertraute, verlieh seinem „Voigt von Weida" — damals Grafen von Plauen — 1426, also fast gleichzeitig, als Erblehen das meißen'sche Burggrafenamt nebst der Grafschaft Hartenstein, nachdem er ihn schon 1417 zum „Hofrichter des Reiches" bestellt. Hiermit war fürstliche Würde mit Sitz und Stimme auf dem Reichstage verbunden. Es ist dabei nicht zu übersehen, daß die Burggrafschaft Meißen zu den wenigen Burggrafentümern gehörte, deren Inhaber von der verhältnißmäßig niederen Stufe eines Befehlshabers der kaiserlichen Truppen (Kommandant der Festung), sich zu höherer Macht, Ansehen und Erblichkeit erhoben hatten, während sonst fast überall die burggräfliche Würde in Verfall geraten war und selten das 12. Jahrhundert überlebte.

Es ist endlich nicht zu unterschätzen, daß, nachdem schon Heinrich IV. von Plauen von 1241—1249 Ordens-Landmeister von Preußen gewesen, zweimal ein Plauen das Hochmeisteramt des Deutschritter-Ordens bekleidete, Heinrich XII. (Reuß älterer Linie) von 1410—1413 und ein Bruder Heinrichs X. (Reuß jüngerer Linie) von 1469—1470; die Plauen mithin schon dadurch einen großen Machteinfluß auf Deutschland auszuüben vermochten.

Wir ersehen hieraus zur Genüge die hervorragende Stellung, welche die Plauen im 14. und 15. Jahrhundert noch einnahmen und werden schwer begreifen, wie sie trotz ihrer unleugbaren individuellen Tüchtigkeit es so wenig verstanden, sich darin zu erhalten, während der stolze Adlerflug der Hohenzollern sich immer höher emporschwang.

Es erklärt sich dies nur aus dem Umstande, daß beständige Teilungen sie zu lebendiger Entwickelung hinderten, in Geldverlegenheit stürzten und dadurch zu wiederholten Veräußerungen von Landesteilen nötigten. Erst 1690 errichteten sie einen Hausund Geschlechtsvertrag, welcher die Primogenitur einführte und noch andere Bestimmungen traf, wodurch weiterer Zersplitterung vorgebeugt werden sollte, die aber immer noch mangelhaft blieb. Wir kommen unten darauf zurück.

Schon 1373 verkauften die Plauen die Landeshauptmannschaft Hof an Friedrich V. von Hohenzollern, Burggrafen von Nürnberg. Im 16. Jahrhundert gingen sie mit einem Teile ihrer Besitzungen bei der böhmischen Krone zu Lehen, eine Maßregel deren politische Zweckmäßigkeit bezweifelt werden kann; 1560 verkauften sie einen Teil des ihnen zuständigen Voigtlandes, die Ämter Weida, Areshangk und Ziegenrück, 1569 die Herrschaften Planen, Voigtsberg und Pausa an Kursachsen, 1572 traten sie auch ihre Meißener Burggrafschaft an dasselbe ab und zwar freiwillig, infolge eines schon 1556 für den Fall des dann erfolgten Aussterbens der damit belehnten Linie gegebenen Versprechens.

So zerfiel Stück um Stück, das schöne Besitztum und die beiden kleinen Fürstentümer Reuß älterer und jüngerer Linie resp. 7½ und 21 ☐ Meilen groß, blieben als Rest des alten Glanzes davon zurück mit dem unverbrüchlich fortgeführten Namen Heinrich.

Von der Schwierigkeit, welcher aus letzterem Umstande dem Genealogen erwächst, hat nur derjenige einen Begriff, welcher genötigt war, sich hineinzuversetzen in das verwickelte System ihrer Unterscheidungszahlen. Wir wollen den Leser hiermit nicht ermüden, sondern versuchen, auch in anderer Weise eine allgemein verständliche Übersicht der Linien dieses Geschlechts zu geben.

Heinrich der Reiche, urkundlich von 1143—1193, nannte sich zuerst Herr und Voigt von Weida. Er war der obenerwähnte Marschall Friedrich Rotbarts. Sein Sohn ward unter Kaiser Heinrich VI. Quedlinburgischer Stiftsvoigt in Gera und soll diesem Kaiser zu Ehren den Vornamen Heinrich für alle seine Nachkommen obligatorisch gemacht haben. Es ist streitig, ob die erstere größere Landesteilung von ihm, oder von seinem Sohne Heinrich IV., von 1209—1237 Ordens-Landmeister von Preußen, ausging. Grote, Stammtafeln, behauptet das letztere. Danach hatte Heinrich IV. drei Söhne, welche nach einem 1206 errichteten Teilungsvertrage sich derartig teilten, daß Heinrich VII. Weida, Heinrich II. Gera und Heinrich I. Planen als Anteil bekam. Die Linie Weida starb 1535 aus. Sie hatte Hof und Weida verkauft; die Linie Gera erlosch 1550 nachdem sie 1547 Gera an Planen abgetreten. Diese Linie war allein zurückgeblieben, hatte aber seitdem schon zahlreiche Unterteilung erlitten.

Ihr Stifter, Heinrich I., mit dem Beinamen der Fromme, war mit der Tochter Maria des böhmischen Fürsten Brzazislaw IV., Enkelin einer russischen Fürstin, vermählt. Er starb 1296 und hinterließ zwei Söhne, welche sich in seinen Nachlaß teilten. Der ältere Sohn Heinrich II. († 1309) erhielt von den bedeutenden Besitzungen, die er von seiner Mutter in Böhmen geerbt, den Beinamen „der Böhme" und pflanzte den Hauptstamm der planen'schen Linie fort. Sein jüngerer Bruder dagegen soll davon, daß er lange in Rußland lebte, den Beinamen Ruzzo, Russe, Reuße erhalten haben (Henricus dictus Ruzzo, Rusa, Russus, Ruthenus) den er als Stammvater des jüngeren Astes der planen'schen Linie an alle seine Nachkommen vererbte. Nach Aussterben des planen'schen Hauptstammes um 1572 ward „Reuß" Bei-, oder wenn man so will, Zuname des ganzen Geschlechts der Planen.

Der Ururenkel Heinrich des Böhmen, erhielt am 21. Juli 1426 durch kaiserliche Belehnung die Burggrafschaft Meißen, welche mit dem Aussterben seiner Nachkommen 1572 an Kursachsen kam. Sein Bruder war der Hochmeister Heinrich von Planen, welcher die Marienburg von 1410—1413 gegen das überlegene polnische Heer so heldenmüthig vertheidigte, zugleich der einzige Planen, der mit seinen hochfliegenden Plänen und seiner eisernen Willenskraft der Entwickelung des aufstrebenden Hohenzollernstaats hätte gefährlich werden können, wenn er nicht zu stolz gewesen wäre, Lehnsmann des Königs von Polen zu werden.

Der Enkel Heinrichs des Reußen hinterließ 1359 drei Söhne, von denen der ältere Heinrich IV. († 1394) die Linie Greiz stiftete, während die beiden anderen Brüder, Heinrich V. († 1372) und Heinrich VI. († 1410) die Linie Ronneburg bildeten und schlossen. Der Enkel Heinrichs IV. von Greiz († 1475) erwarb durch Kauf Ober-Kranichfeld, welches seine Nachkommen 1615 an Kursachsen wieder verkauften. Sein Bruder war von 1469—1470 Hochmeister, sein Sohn, Heinrich der Stille oder Friedsame, ward Stammvater aller späteren Reußte, indem seine drei Söhne, nachdem sie sich 1564 in seine Besitzungen geteilt hatten, die drei besonderen Linien der älteren, mittleren und jüngeren Reuße stifteten.

Die Linie der mittleren Reuße erlosch schon mit dem Sohne ihres Stifters 1616. Inzwischen waren alle älteren Linien des Geschlechtes schon 1572 erloschen und es verbleiben mithin nur die älteren und jüngeren Reuße, welche noch gegenwärtig blühen. (Den Stammbaum dieser Geschlechter siehe S. 63, 64 u. 65.)

Von den „Jüngeren Reuß" stammt unsere Kaiserin und zwar ist Allerhöchstdieselbe eine Ururenkelin sowohl der mit dem Grafen Johann Christian von Solms-Baruth (geb. 1733, † 1800) am 10. März 1767 vermählten Tochter des Grafen Heinrich XXIII. von Schleiß-Köstritz († 1787), namens Friederike Luise Sophie, geb. 1748, † 1798; als der mit dem Herzog Hans Friedrich Anton von Sachsen Coburg-Saalfeld (geb. 1750, † 1806) am 13. Juni 1777 vermählten Tochter des Grafen Heinrich XXIV. von Schleiz-Ebersdorf († 1779), namens Auguste Karoline geb. 1757, † 1831.

Die gegenwärtig noch bestehende Teilung in ältere und jüngere Linie gründet sich auf den Vertrag vom 27. August 1616, der nach dem Aussterben der mittleren Linie, deren Besitzungen jenen zufielen, zu Stande kam.

In beiden Linien wiederholten sich später die Teilungen, bis durch den obenerwähnten Haus- und Geschlechtsvertrag vom 3., 4. und 5. September 1690 die Primogenitur eingeführt wurde. Dabei haben beide — unter sich ganz unabhängigen — Linien das Miteigentum an dem zum Haus- und Familienfideikommiß gehörigen Domanial- und Kammervermögen, sowie die Nachfolge bei dem Absterben der einen dieser Linien sich vorbehalten.

Die Verhältnisse des Gesamthauses sind durch Familienverträge von 1668, 1681 und 1690 geregelt. Alle männlichen Familienmitglieder führen zufolge uralten Herkommens, welches durch den Nebenreceß vom 13. November 1668 urkundlich anerkannt ist, den Namen Heinrich und unterscheiden sich durch Zahlen.

Für die beiden Linien gemeinschaftlichen Angelegenheiten besteht ein Seniorat, welches stets der älteste regierende Herr führt, während der älteste regierende Fürst der anderen Linie ihm als Adjunkt zur Seite steht.

Beim vormaligen Bundesrate hatte im engeren Rat das Haus Reuß mit verschiedenen anderen kleinen Staaten die 16. Kuriatstimme, im weiteren Rate je eine besondere Stimme.

I. Ältere Linie.

Heinrich der Ältere

stiftet die Linie der „älteren Reuß".
† 1572.

Heinrich II.
† 1608.
Unterlinie Burgt
erlischt mit dem Enkel 1640.

Heinrich V.
† 1604.
Unterlinie Greiz.

Heinrich IV.
der Ältere
† 1629.
Speziallinie Ober-Greiz.

Heinrich V.
der jüngere
† 1667.
Speziallinie Unter-Greiz.

Heinrich unicus
† 1681.
Reichsgraf 26./8. 1673.

Heinrich VI.
† 1697.

Heinrich XVI.
Zweig Dölau.
† 1698.

Heinrich II.
† 1697.

Heinrich IV.
† 1675.
Reichsgraf
26./8. 1673;
erlosch mit
dem Enkel
1768.

Zweig Burgt
† 1697.

Heinrich II.
† 1722.

Heinrich XI.
† 1800.
Reichsfürst
12./5. 1778.

Heinrich XIII.
† 1817.

Heinrich XX.
† 8./11. 1859.

Heinrich XXII.
geb. 28./3.
1846,
verm. 8./10.
1872
mit Ida,
Prinzessin
von Schaumburg-Lippe;
regier. Fürst.

II
Heinrich
stiftet die
Heinrich d|

Heinr. II.	Heinrich III. † 1640.
† 1670.	Saalburg
Gera	Heinr. I. † 1692
erlosch 1802.	erbt Schleiz 1666.
	Reichsgraf 26./8. 1673.

Heinr. XI.   Hei
† 1726.   †

Paragia

Heinr. I.	Heinr. XII.	Heinr. VI.		H
† 1744.	† 1784.	† 1783.		†
†				
	Heinr. XLII.	Heinr. XLIII.	Heinr. XLVIII.	Hei
	† 1818.	† 1814.	† 1825.	†
	Fürst			
	9./4. 1806.			
		Heinr. LXIV.	Heinr. LXIX.	
	Heinr. LXVII.	† 1856,	† 1878,	
	† 1867.	erlosch 1856.	erlosch 1878.	
		Heinr. LX.	Heinr. LXIII.	
		† 1833,	† 1841.	
		erlosch 1833.		
Heinr. XIV.		Heinr. IV.	Heinr. VII.	Hein
geb. 28./5.		geb. 26./4.	geb. 14./7.	geb.
1832,		1821,	1825,	18
verm. 6./2.		verm. 27./12.	verm. 6./2.	verm.
1858 mit		1859 mit	1876 mit	185
Agnes		Luise	Maria,	A
Herzogin von		Karoline	Prinzessin	Frei
Würtemberg;		Prinzessin	v. Sachsen-	Zedli
reg. Fürst.		Reuß.	Weimar.	
		Chef	Deutscher	
		der Linie	Botschafter	
		seit 1878.	in Wien.	

Heinr. IX.
† 1666.
Schleiz
erlosch 1666.

Heinr. X.
† 1671.
Lobenstein.

Heinr. III.
† 1710.
Graf
26./8. 1673.
Lobenstein.

gem. 1673.

Heinr. X.
† 1711.
Graf
26./8. 1673.
Ebersdorf.

Heinr. XV.
† 1739.

Heinr. XXVI.
† 1730.

Heinr. XXIX.
† 1747.

Heinr. XXIII.
† 1787.

Heinr. LV.
† 1846.

Heinr. II.
† 1852.
Fürst
30./6. 1851.

Heinr. II.
† 1782.

Heinr. XXXV.
† 1805.
Fürst
9./10. 1790,
erlosch 1805.

Heinr. XXV.
† 1801.

Heinr. LIV.
† 1824;
Fürst
9./4. 1806
erlosch 1824.

Heinr. XXIV.
† 1779.

Heinr. LXXII
† 1853;
erbt Loben
stein 1824
resign. 1848,
erlosch 1853.

Heinr. XVIII.
geb. 14./5.
1847,
verm. 7./11.
1868 mit
Charlotte,
Prinzessin
Wilhelm
von
Mecklenburg
Schwerin.
Kaiserl.
Flügeladjut.

Heinr. XIX.
geb. 13./8.
1848,
verm. 25./6.
1877 mit
Marie,
Prinzessin
v. Hohenlohe-
Oehringen,
Tochter
des Herzogs
v. Ujest.

Die Linie der älteren Reuß, deren Residenz Greiz ist — daher Reuß-Greiz bezeichnet — trat 1807 dem Rheinbunde bei, verließ denselben aber 1813 wieder nach der Schlacht von Leipzig und schloß sich 1815 dem Deutschen Bunde an. Deren Besitzungen liegen im südlichen Hauptlande und eignen sich infolge ihres vorzugsweise gebirgigen Charakters mehr zum Forstbetrieb und der Viehzucht als zum Ackerbau. Sie sind in drei Gebietsstücke geteilt und umfassen im ganzen ein Areal von etwa 7½ ☐ Meilen.

Die Linie der jüngeren Reuß teilte sich bei der 1647 erfolgten Hauptteilung in die vier Äste Gera, Saalburg, Schleiz und Lobenstein. Schon 1666 erlosch Schleiz, dessen Namen Saalburg annahm; 1802 Gera. Dafür hatte (Neu-) Schleiz den Nebenast Köstritz erhalten, während Lobenstein in Lobenstein-Lobenstein (1824 erloschen), Lobenstein-Hirschberg (1711 erloschen), und Lobenstein-Ebersdorf sich teilte. Am 1. Oktober 1848 legte der Fürst von Lobenstein-Ebersdorf zu Gunsten der Linie Schleiz die Regierung nieder und starb am 17. Februar 1853 als der letzte Mann dieser Linie.

Das Fürstentum Reuß-Schleiz besteht aus zwei Hauptteilen und einigen Enklaven, im ganzen etwa 15 ☐ Meilen. Der größere Teil besteht aus ackerbaufähigem Boden.

Die nicht souveräne Nebenlinie Schleiz-Köstritz besitzt Köstritz und andere Lehngüter in der Herrschaft Gera und die Pflege Reichenfels in der Herrschaft Schleiz unter schleizischer Lehnshoheit, hat außerdem reiche Besitzungen in Preußen, Sachsen und Österreich.

Nach einem mit den Agnaten des fürstlichen Hauses Reuß jüngerer Linie getroffenen Abkommen führt außer dem regierenden Fürsten immer nur der jeweilige Chef der Köstritzer Linie das Prädikat Fürst, die übrigen Agnaten gleichmäßig das Prädikat Prinz und Durchlaucht. Dagegen führen die Nachkommen Heinrichs XXVI., Sohnes des Prinzen Heinrich IX., Landrats des Hirschberger Kreises, nach einem besonderen Familienübereinkommen nur den Namen Grafen und Gräfinnen von Planen mit dem Prädikat „Erlaucht". Von den drei ursprünglichen Zweigen der Linie Köstritz blühen nur noch zwei, welche von Heinrich IX. und Heinrich XXIII. † † resp. 1780 und 1787 abstammen, während die Nachkommen Heinrichs VI. († 1783) ausgestorben sind.

X.
Abstammung aus dem Hause Wettin.

Nicht weit von Wettin, einem kleinen Städtchen im Saalkreise, Regierungsbezirk Merseburg, liegt das Rittergut Winkel. Hier erhob sich einst die alte Stammburg der Grafen von Wettin. Es bedarf keiner Forschung, wann dieselbe erbaut ward, um daraus das Alter dieses Geschlechts zu ermessen. Läßt sich auch dessen Ursprung so wenig auf einen der sächsischen Heerführer, welche gegen Karl den Großen kämpften, wie auf den Herzog Burkard von Thüringen mit Sicherheit zurückführen, welcher 909 in einer Schlacht wider die Ungarn fiel, so kommt doch um Mitte des 10. Jahrhunderts im Gaue von Budsisi — und das war entschieden Budissin, der Oberlausitz alte Hauptstadt — ein Dietrich von Wettin vor. Dieser Graf starb schon 982. Von ihm wird gesagt, daß er keines Andern Lehnsmann gewesen und was noch gewichtiger ist: man kennt die direkte Nachfolge vom Grafen Dietrich bis zu den gegenwärtig regierenden Fürsten des Hauses Wettin.

Von zwei Söhnen folgte ihm als Graf von Wettin der ältere: Dedo I. († 1009). Der jüngere, Friedrich, war Graf von Eilenburg. Als letzterer aber 1017 kinderlos starb, beerbte ihn Dedos Sohn Dietrich II., welcher alle wettinischen Besitzungen wieder vereinigte und nach dem Tode des Markgrafen Otto (1031) vom Kaiser auch die Ostmark (Lausitz) bis 1034 erhielt; während der Bruder seiner Gemahlin Mathilde, Eghard II., die Markgrafschaft Meißen verwaltete.

Ihm folgte als Lausitzer Markgraf resp. sein Sohn Dedo II. (1034—1075) und sein Enkel Heinrich I., Graf von Eilenburg (1086—1090; von 1075—1086 hatte der Kaiser die Ostmark dem Wratislaw, Herzog von Böhmen, übertragen, der sie zurückgab, als er König geworden war). Nach der Ächtung seines Schwagers, des Markgrafen Eghard II. († 1090), der sich gegen Kaiser Heinrich IV. empört hatte, erhielt Graf Heinrich 1089 auch die Markgrafschaft Meißen. In der letzteren folgte ihm von 1103—1104 sein Vetter Thimo der Jüngere, in der Ostmark sein Sohn Heinrich II. bis 1117, welcher von 1104—1123 auch die Markgrafschaft Meißen verwaltete, 1117 aber die Ostmark an Wiprecht dem Älteren, Grafen von Groitzsch abgeben mußte.

Wir ersehen aus diesem beständigen Wechsel, daß die Verleihung einer Markgrafschaft damals lediglich von Gnade und Laune des Kaisers abhing und rein persönlich war.

Erst Konrad 1. Graf von Wettin, mit dem Beinamen der Große, ward 1130 mit der Markgrafschaft Meißen und 1136, nach dem Tode von Graf Wiprechts Sohn Heinrich III. auch mit der Ostmark erblich belehnt und hierdurch der Grund zu der späteren Macht und Bedeutung seines Geschlechts gelegt. Anderweite Belehnungen und Erbschaften trugen zwar dazu bei, die wettin'schen Besitzungen noch mehr zu vergrößern, Abteilung an Seitenlinien brachte aber wieder Verluste. Glücklicherweise erloschen diese Seitenlinien schon im 12. und 13. Jahrhundert.

Große Vorteile erwuchsen dem Hause Wettin aus der Entdeckung der Silbergruben von Freiberg unter Otto dem Reichen, Konrads Sohn, welcher deren Ausbeute zur Befestigung seiner Städte und zu weiteren Ankäufen von Grundbesitz verwendete. Dies hatte eine rasche Entwickelung von Handel, Kunst und Gewerbe in seinen Landen zur Folge. Sein Enkel, Heinrich der Erlauchte (1221—1288) erwarb nicht nur 1246 das Pleißener Land, sondern auch 1263 durch Erbschaft die Landgrafschaft Thüringen, weil Heinrich Raspe als letzter Mann der regierenden Landgrafen verstorben und dessen Schwester Jutta Heinrich des Erlauchten Mutter gewesen war.

Jetzt erstreckte sich die mit der Ostmark verbundene Markgrafschaft Meißen von der Werra bis zur Oder. Kein zweites Reich in Deutschland konnte damals gleicher Macht sich rühmen, keines hatte eine mehr versprechende Zukunft inneren Wohlstandes so rein deutscher Bevölkerung, als dieses.

Dem Verhängnis der meisten mittelalterlichen Staaten entging aber auch Meißen nicht, der verderblichen Folge einer kurzsichtigen Politik, welche auch an staatliche Verhältnisse den Maßstab bürgerlicher Gerechtigkeit legt. Gleiches Anrecht auf den väterlichen Nachlaß beanspruchte der Fürst, wie der Bauer, der König, wie der geringste Unterthan. War dies schon gefahrbringend bei dem einfachen Landmann, ja nicht weniger für Handel und Gewerbetreibende, welche durch fortwährende Teilung des Landes resp. Vermögens bis zur Betriebsunfähigkeit kommen, so ward es der Entwickelung eines kräftigen Staatsorganismus geradezu verderblich. Schon an der Unmöglichkeit seiner konsequenten Durchführung zeigt sich die Unhaltbarkeit dieses Grundsatzes. Sie führte nur zu Unzufriedenheit und Streit. Es ward der Keim für den Untergang manchen blühenden Staatswesens. Es ist der Schlüssel zur Erklärung, weshalb trotz anderweitig günstiger Verhältnisse, dieser oft unerwartet eintrat.

Noch bei Lebzeiten überließ Heinrich der Erlauchte seinem ältesten Sohne Albrecht dem Unartigen, die Landgrafschaft Thüringen, dem zweiten Dietrich, das Osterland (Ostmark—Lausitz) mit Leipzig und dem dritten Friedrich, Dresden und einige benachbarte Städte. Diese Aufteilung hatte zunächst einen furchtbaren Streit zwischen Albrechts Söhnen: Friedrich dem Gebissenen und Dietrich, und ihren genannten Oheimen zur Folge, bis 1308 Friedrich der Gebissene in den ruhigen Besitz von Meißen und Thüringen gelangte.

Im Jahre 1381 kam es aber zu einer neuen Teilung. Von zwei Enkeln Friedrichs des Gebissenen erhielt Balthasar Thüringen, wozu durch Heirat das Amt Hildburghausen kam, und Wilhelm die Markgrafschaft Meißen, während die Söhne des dritten Enkels (Friedrichs des Strengen) Friedrich der Streitbare, Georg und

Wilhelm der Einäugige, welche durch ihre Mutter Katharina, Gräfin von Henneberg die Pflege Coburg geerbt, die Ostmark erhielten. Doch starb Georg schon 1402 und Wilhelm der Einäugige 1407 und fiel daher die Hälfte der Markgrafschaft Meißen dem Sohne Balthasars, Friedrich IV. dem Friedfertigen, die andere seinen beiden überlebenden Neffen Friedrich und Wilhelm zu. Anfangs regierten diese gemeinschaftlich, teilten jedoch 1409 in der Weise, daß Friedrich ihren Anteil an der Markgrafschaft Meißen mit Coburg, Wilhelm mit Beinamen der Reiche, die Ostmark erhielt. Letzterer verstarb aber 1425 kinderlos und kam daher auch die Ostmark an seinen Bruder Friedrich. Schon 1423 hatte Kaiser Sigismund ihn mit dem erledigten Herzogtum Sachsen-Wittenberg belehnt, womit die Kurwürde verbunden war. Seitdem bezeichnete man sämtliche von ihm beherrschten, resp. verwalteten Wettiner Lande mit dem Kollektivnamen „Sachsen", doch war noch das Stammland vom Kurland unterschieden, denn in letzterem herrschte, wie wir sehen, Friedrichs, ältester Sohn, Friedrich der Sanftmütige nach dessen Tode (1428) allein; während er ersteres mit seinen beiden Brüdern, von denen der jüngere Siegmund, Bischof von Würzburg war, gemeinschaftlich verwaltete. Erst 1440, nachdem ihnen durch den Tod ihres Vater-Vetters Friedrichs des Friedfertigen, auch der zweite Teil der Markgrafschaft Meißen und Thüringen zugefallen war, teilten sie das Land, wobei Wilhelm III. der Tapfere, Thüringen erhielt. Hiermit war dieser aber nicht zufrieden und so kam es 1445 zwischen den Brüdern zu einem heftigen Streit, der formell zwar 1451 durch den Vertrag von Naumburg geschlichtet ward, aber doch 1455 den Raub der beiden Söhne des Kurfürsten, Ernst und Albrecht zur Folge hatte.

Nach des Vaters Tode 1462, erbte Ernst als der älteste die Kurwürde mit Kursachsen. Das übrige Land blieb vorläufig gemeinschaftlich. Nachdem aber 1482 mit Wilhelms Tode auch Thüringen ihnen zugefallen war, teilten sie 1485 derartig, daß Ernst Thüringen, Albrecht der Beherzte aber die Markgrafschaft Meißen erhielt, das Osterland aber beiden gleichmäßig zukam.

Nur die Freiburger Silbergruben verblieben beiden Brüdern gemeinschaftlich.

Nach dieser Grundteilung unterscheiden wir die Ernestinische und Albertinische Linie der Wettiner; denn niemals seitdem sind deren Lande wieder in eine Hand gelangt. Hochpolitische Ereignisse haben aber auch die sonstige Gleichmäßigkeit derselben in der Folge wesentlich beeinträchtigt.

Ohne das energische Auftreten Albrechts des Beherzten, welcher 1475 in der Kölner Fehde zugleich mit Albrecht Achilles von Brandenburg das Reichsheer Karl dem Kühnen entgegenführte, wäre es diesem Friedenstörer wohl unschwer gelungen, in Deutschland festen Fuß zu fassen und vielleicht gar die Stelle des schwachen Kaisers Friedrich III. einzunehmen. Als damals die sächsischen Grafen nach Ablauf der ersten vom Kaiser gesetzten Frist des Kriegsdienstes heimkehren wollten, erließ zunächst Albrechts Oheim, der mehrgenannte Wilhelm III., der Tapfere, ein drohendes Schreiben, um sie zurückzuhalten; am Ende des zweiten Terminus schrieb aber Albrecht an dieselben einen Brief, in welchem er die Überzeugung aussprach, daß Kaiser und Reich untrennbar zusammengehörten und die Ehre des Einen, mit der Ehre des Anderen zusammen fiele. Für diesen wahrhaft patriotischen Ausspruch verlieh ihm der Kaiser, in Abwesenheit seines kurfürstlichen Bruders, das mit dem Recht „das Reichspanier zu tragen" verbundene Erzmarschallamt. Auch gegen die Ungarn kam Albrecht und zwar unter großen persönlichen Opfern wiederholt dem Kaiser zu Hilfe (1480—1482), wenn auch der Erfolg bei dem erbärmlichen damaligen Zustande des deutschen Reiches der aufgewandten Mühe nicht entsprach. Durch die Unzufriedenheit seiner Unterthanen mit dieser Opferwilligkeit für Kaiser und Reich, durch die geringe Anerkennung, welche ihm vom Kaiser dafür zu Teil ward, ließ er sich von der Erfüllung seiner Pflicht nicht abhalten, dem letzteren auch gegen die aufständigen Flamänder als Anführer zu dienen. Später ward ihm dafür freilich die Reichsstatthalterwürde in den Niederlanden, welche auch sein Sohn Georg noch inne hatte, (1496) übertragen, nachdem er am 21. Juli 1490 einen glänzenden Sieg über die holländischen Hoeks davontrug.

So bewährte sich Albrecht von Sachsen im Kampfe, wie im Rate, als einer der wenigen deutschen Fürsten, denen schon damals die deutsche Ehre mehr galt, als der beschränkte Vorteil ihres eigenen Landes, zu einer Zeit, wo politische Kurzsichtigkeit und Kirchturmsinteressen fast überall noch vorherrschend waren.

Kaum aber war dadurch der äußere Friede wieder hergestellt, als der innere in noch ärgerer Weise bedroht ward. Dem objektiven Standpunkt, welcher rein historischer Darstellung zukommt, entsprechend, übergehen wir hier die religiöse Seite der Reformation. Mochte eine gewisse Aufbesserung mancher kirchlichen Verhältnisse auch nicht überflüssig erscheinen, so bleiben doch beide Parteien hierbei nicht stehen. Persönliche Reizbarkeit und politische Rücksicht verschärften den Streit, den Glaubenseifer anfachten. Gegenseitige Unduldsamkeit machten Versöhnung unmöglich. Das große Verdienst der sächsischen Fürsten, hier vermittelnd einzuwirken, ward nur einseitig anerkannt. Es kam zum Kampfe, an dem der Kaiser Anteil nahm. Dabei trat die Ernestinische Linie aus ihrer bisherigen Reserve heraus. Kurfürst Johann Friedrich stellte sich 1547 in der Schlacht bei Mühlberg dem Kaiser entgegen. Er ward geschlagen und gefangen und verlor den größten Teil seines Landes, vor allem aber die Kurwürde, welche auf die Albertinische Linie überging. Nach der wittenbergischen Konstitution verblieben ihm nur seine thüringischen und fränkischen Besitzungen.

Die Machtstellung der beiden Linien wurde hierdurch nicht nur umgekehrt, sondern auch völlig verändert. Es trat von nun an der schroffe Unterschied ein zwischen dem mächtigen Kursachsen und den sächsisch-fränkischen Herzogtümern, welcher annähernd noch fortbesteht: denn hat ersteres, obwohl jetzt Königreich, auch seitdem erheblich an Umfang verloren, so befanden letztere sich dafür noch in einer Hand, während sie gegenwärtig vier Herzöge haben.

Von diesem Zeitpunkt an hat aber jede Regentenlinie der Wettiner ihre eigene Geschichte, aus der wir nur charakteristische Einzelheiten hervorheben wollen.

In eine unbequeme Doppelstellung gerieten die sächsischen Kurfürsten durch ihre erfolgreiche Bewerbung um den polnischen Königsthron. Nur unter großen Anstrengungen und mit unverhältnismäßigen Opfern gelang es dem Kurfürsten Friedrich August II., dem Starken, am 25. Juni 1697 dieses Ziel zu erreichen. Er hatte dafür schwerwiegende Verpflichtungen übernommen. Nicht nur sollte er ungeheure Geldsummen aufbringen, welche er dem Kurstaat entnahm, sondern bereits schwedisch gewordene polnische Provinzen wieder mit Polen vereinigen. Dabei fand er sogar Widerstand seitens vieler polnischen Großen und war daher genötigt, den Krieg mit Schweden mit sächsischen Truppen zu führen. Von seinen Bundesgenossen ward Dänemark 1700 zum Frieden genötigt und Zar Peter im nämlichen Jahre bei Narwa geschlagen, worauf er auch selbst 1702 bei Klissow und Pultusk unterlag.

Die Folge war, daß die Polen — von Schweden beeinflußt — ihn 1704 für abgesetzt erklärten.

Wenn er auch 1709 nach der Schlacht von Pultawa die polnische Krone wiederum erlangte, so entsprach die damit verbundene Macht doch nicht ihrem äußeren Glanze und standen namentlich die großen Opfer, welche Sachsen für Aufrechterhaltung des letzteren bringen mußte, zu den dadurch erreichten Vorteilen in keinem Verhältnis.

Gleichwohl ward auch die Wahl seines Sohnes Friedrich August III., nach dem 1733 erfolgten Tode seines Vaters, zum König von Polen durchgesetzt und diesmal senkte sich allerdings die Wage mehr zu Gunsten Sachsens, da er seine Residenz in Dresden aufschlug und von dort aus Polen regierte. Der Krieg zwischen Österreich und Preußen brachte ihm aber neue Gefahren. Er trug kein Bedenken, Friedrich II. bei der Eroberung Schlesiens 1742 zu unterstützen, als er dafür aber nur Lorbeeren und keine Früchte erntete, welche König Friedrich für sich behielt, verband er sich 1745 mit Maria Theresia, was nach der verlorenen Schlacht von Kesselsdorf die Eroberung Sachsens durch Friedrich den Großen zur Folge hatte. Erhielt er dieses im folgenden Jahre auch wieder zurück, so ließ er sich durch die bittere Erfahrung doch nicht abhalten, 1756 nochmals auf Österreichs Seite zu treten. Bekanntlich nahm König Friedrich darauf bei Pirna seine Armee gefangen und nötigte ihn aufs Neue, Sachsen seinen Feinden preiszugeben. Erst kurz vor seinem Tode (1763), nach dem Hubertusburger Frieden, konnte er dahin zurückkehren. Ihm folgte als Kurfürst sein Sohn Friedrich Christian, der aber in Polen nicht gewählt ward und zwei Monate nach seinem Regierungsantritt starb, mit Hinterlassung eines noch unmündigen Thronfolgers Friedrich August, sodaß bis 1768 eine Vormundschaftsregierung eintreten mußte. Kein persönlicher Ehrgeiz verleitete diesen edlen Mann, welchem die Geschichte wohlverdient den Namen des Gerechten beigelegt hat, die ihm 1791 angebotene polnische Krone anzunehmen. Das Wohl seines Stammlandes ging ihm über alles. Nur in dessen Interesse trat er dem deutschen Fürstenbunde bei und lehnte andererseits die Anteilnahme an der 1792 zu Pillnitz abgeschlossenen Konvention gegen Frankreich ab. Nur aus Gehorsam für den deutschen Kaiser stellte er nach erklärtem Reichskriege als Reichsstand sein Kontingent gegen Frankreich und schloß sich 1796 dem Waffenstillstands- und Neutralitätsvertrage des Oberjächsischen Kreises mit den Franzosen an.

Bei dem Rastadter Kongresse suchte er die Selbständigkeit des deutschen Reiches zu behaupten. An dem Kriege zwischen Frankreich und Österreich nahm er nicht Teil, um sein Land nicht unnötigen Gefahren auszusetzen. Aus gleichem Grunde verweigerte er aber auch nicht den Preußen den Durchzug durch sein Land. Nach Auflösung des deutschen Reiches schloß er sich Preußen an und nur notgedrungen trat er 1806 nach der Schlacht von Jena mit Napoleon in Unterhandlung. Nach dem Posener Frieden am 11. Dezember 1806 nahm er den Königstitel an und trat als souveräner Fürst in den Rheinbund. Als Entschädigung für verschiedene erzwungene Landesabtretungen erhielt er nach dem Frieden von Tilsit das Herzogtum Warschau.

Nur um sein Land vor Verwüstung zu bewahren, vor der es kein Kaiser, kein deutscher Mitfürst zu schützen im Stande war, und nicht, um auf Kosten dieser Vorteile davon zu tragen, war er darauf in das Bündnis mit Napoleon getreten, hatte seine Anteilnahme an dessen Kriegen aber auf das äußerste Maß beschränkt. So weigerte er sich beispielsweise Truppen nach Spanien zu senden und stellte er gegen Österreich 1809 nur sein Kontingent. Trotzdem ward nach Unterwerfung Napoleons von den übrigen deutschen Fürsten sehr hart mit ihm verfahren. Er mußte in die vom Wiener Kongreß beschlossene Abtretung der Hälfte Sachsens an Preußen einwilligen. Hierfür entschädigte ihn aber die Liebe seiner Unterthanen, welche sich bei seinem Wiedereinzuge in Dresden am 7. Juni 1815 in lautem Jubel äußerte. Die übrige Zeit seiner Regierung bis zu seinem Tode (1827) widmete er mit unermüdlicher Treue der Heilung jener schweren Wunde, welche die Kriegsjahre seinem Lande geschlagen. Nach ihm bestieg sein Bruder Anton den Thron, ein Mann von großer Gewissenhaftigkeit, aber ohne jene staatsmännische Vorbildung, welche die Regierung eines Landes erfordert: gelehrt, in den schönen Künsten bewandert, aber dem praktischen Leben entfremdet, ursprünglich auch für den geistlichen Stand bestimmt. Soweit er es trotzdem vermochte, suchte er die Regierung in gleicher Weise wie sein Bruder fortzuführen und hat auch in der That verschiedene Mißstände, welche ihm auffielen, zu beseitigen gewußt. Sein leutseliges Wesen machte ihn bei seinen Unterthanen sehr beliebt. Als aber das Jahr 1830 politische Bewegungen im Staatsleben mit sich brachte, denen er sich nicht gewachsen hielt, nahm er seinen Neffen Friedrich August II., Sohn seines Bruders Maximilian, zum Mitregenten an, der ihm treulich beistand, die neuen Verhältnisse und Anforderungen in gemessene Bahnen zu leiten und ihm 1836, nach Verzichtleistung des Prinzen Maximilian, auf dem Throne folgte.

War je ein Fürst auf die Übernahme der Regentenpflichten in jeder Richtung vorbereitet, so muß dies in vollem Maße dem König Friedrich August II. zuerkannt werden. Theoretisch und praktisch hatte er sich von Jugend auf eifrig bemüht, sowohl für die bürgerliche Staatsverwaltung, als für die Führung seines Heeres die erforderlichen Kenntnisse zu erwerben; durch zahlreiche Reisen sich auch mit den Verhältnissen anderer Länder bekannt gemacht und in der ganzen Fülle männlicher Kraft die Regierung übernommen. Dabei vom besten Willen beseelt, seine Unterthanen glücklich zu machen, hätte er wohl ein besseres Schicksal verdient, als ihm auf dem Throne zu Teil ward. Aber der „Geist der Unzufriedenheit um jeden Preis" hatte sich vom Westen her auch über Deutschland ausgebreitet und vielleicht gerade die bisher beobachtete zu große Milde der sächsischen Regierung, Sachsen zu einem Heerde seiner Machinationen gemacht. So kam es, daß in dem Umsturzjahre 1848 die Gemüter sich dort in einer Weise erhitzten, daß nur unter Beihülfe preußischer Truppen die öffentliche Ordnung und die bedrohte Königsgewalt dort wiederhergestellt werden konnte. Nicht geringer bleiben darum die Verdienste dieses Königs um sein Land, deren Früchte erst eine spätere Zeit geerntet hat.

Friedrich August II. starb 1854 und hatte einen wohl noch befähigteren Nachfolger in seinem Bruder Johann. Alles was über seinem königlichen Bruder oben gesagt ward, findet gleiche Anwendung auf ihn. Sachsen hat der Gründlichkeit und Gewissenhaftigkeit, mit der er alle neueren gesetzlichen Anordnungen vor deren Einführung auf ihren inneren Wert zu prüfen verstand, einen großen Teil seiner musterhaften Gliederung in allen Verwaltungszweigen zu danken. Trotz der hohen Befähigung dieses seltenen Fürsten, trotz der Vortrefflichkeit seines Charakters und der großen Verdienste, welche er sich um Sachsens Wohlstand erworben, ist derselbe während seiner Regierung häufig verkannt worden. Auch das Jahr 1866 ward ihm verhängnisvoll, wie so manchem deutschen Fürsten. So wenig man aber bei parteiloser Beurteilung von Friedrich August dem Gerechten sagen kann: er habe nicht wie ein deutscher Mann gehandelt, als er auf kurze Zeit in ein Bündnis mit Napoleon trat, um von seinem Lande das Verderben abzuwenden, wogegen er nirgends Schutz fand, so wenig kann man dem König Johann seine damalige Entscheidung gegen Preußen zur Last legen. Bei seiner großen Gewissenhaftigkeit mußte ihm das Bedenken nahe liegen, durch entgegengesetzte Entschließung die Bundestreue zu brechen.

Die seit Jahrhunderten genährte Abneigung zwischen Nord und Süd mußte einmal im offenen Kampfe ausgetragen werden, wenn es zu einer aufrichtigen Versöhnung kommen sollte, und gerade diejenigen Staaten, welche ihre Niederlage am schwersten empfanden, haben sich später am treuesten Kaiser und Reich angeschlossen. König Johann sandte 1870 seinen tapferen Sohn, den gegenwärtigen König, an der Spitze seines Heeres mit den übrigen deutschen Truppen gegen den Erbfeind und aus Blut und Eisen, wie unser großer Kanzler sagt, erstand auf den französischen Schlachtfeldern mit seiner Hülfe, der deutsche Kaiserthron. Mit Recht war daher die Trauer eine allgemeine und nicht auf Sachsen beschränkte, als dieser edle Fürst am 29. Oktober 1872 zu seinen Vätern einging.

Wer aber nennt nicht mit Begeisterung seinen Nachfolger König Albert unter Deutschlands tapfersten und berühmtesten Feldherren, unter Kaiser Wilhelms, des Alten, treuesten und zuverlässigsten Freunden. Was er dem deutschen Vaterlande in schwerer Zeit gewesen, liegt jedem offen vor Augen, was er für sein Sachsen gethan, wird erst die Nachwelt vollends zu würdigen wissen.

Es war Schicksalsfügung, daß die ältere Linie des Hauses Wettin in Land und und Rang so auffallend vor der jüngeren zurücktreten mußte. Sie hat es aber verstanden, sich in anderer Weise ins Gleichgewicht zu setzen. Was wäre beispielsweise wohl aus unseren Dichterheroen: Göthe, Schiller, Wieland, Herder geworden, wenn der hochbegabte, edle Großherzog Karl August sich ihrer nicht so thatkräftig angenommen? Göthe freilich fehlte es an äußeren Mitteln nicht, um unbehindert von materiellen Sorgen, seine hohen Geistesgaben der Weltbildung nutzbar zu machen, aber ohne die moralische Stütze des weimar'schen Hofes würde der große Mann schwerlich zu solcher Bedeutung gelangt sein; Schiller dagegen wäre wahrscheinlich bei der geringen Geneigtheit der meisten damaligen Höfe, mehr als Beifallsopfer zu bringen, durch äußere Not in seinem geistigen Streben verkümmert. Kunst und Wissenschaft fanden seitdem in Weimar eine bleibende Stätte, und niemals wird diese Stadt aufhören dem Deutschen ein klassischer Boden zu sein.

Die Wettiner Fürsten der übrigen sächsischen Häuser waren aber nicht weniger bemüht, ihre kleinen Staaten zu Mittelpunkten geistiger Bildung zu machen. In allen ward Kunst und Wissenschaft aufs Kräftigste gefördert, namentlich aber in Gotha, eine durch große Anzahl der Werke, seltene Handschriften und vortrefflichste Ordnung ausgezeichnete Bibliothek, ein an Kunstschätzen überreiches Museum, ein durch Ausstattung wie Leistung vorzügliches Theater und wissenschaftliche Stiftungen der verschiedensten Art. Fast alles dies schuf, ordnete, leitete mit bewundrungswürdiger Sachkunde der Landesherr selbst, einer der bedeutendsten Fürsten unserer Zeit, Herzog Ernst II. von Sachsen Coburg-Gotha.

Es würde indeß einen größeren Raum erfordern, als uns hier zu Gebote steht, wollten wir diese Andeutungen weiter verfolgen. Nur auf einen bedeutsamen Umstand müssen wir noch aufmerksam machen, „daß Deutschland den Wettinern die Stiftung dreier seiner berühmtesten Universitäten zu danken hat". Im Jahre 1407 stifteten die Markgrafen Friedrich der Streitbare, seit 1423 Kurfürst von Sachsen und sein Bruder Wilhelm II. der Reiche, die (am 9. September 1409 vom Papst Alexander V. bestätigte, 4. Dezember 1409 feierlich eröffnete) Universität Leipzig. Im Jahre 1502 stiftete der Kurfürst Friedrich der Weise, die 1815 von der preußischen Staatsregierung nominell (unter dem Namen Friedrichs-Universität von Halle-Wittenberg) mit der (1688 von König Friedrich I. von Preußen gestifteten und 1694 eingeweihten) Universität Halle vereinigte, in Wirklichkeit aber in letztere völlig aufgegangene Universität Wittenberg. Im Jahre 1547 endlich stiftete der Kurfürst Johann Friedrich der Großmütige, die am 2. Februar 1558 mit kaiserlicher Genehmigung eröffnete Universität Jena.

Nur lose Blätter waren es, welche wir aus der reichhaltigen Geschichte der Wettiner vorlegen konnten, aber Blätter einer tausendjährigen deutschen Eiche, welche in ihren knorrigen Ästen und Zweigen deren Millionen birgt, alle beschrieben mit Ruhmesthaten des erlauchten Hauses. Das Laubdach dieser Eiche wölbte sich schon über manchem glänzenden Thron; unter diesen vor allen strahlt aber der des deutschen Kaisers Wilhelm II. und seiner erhabenen Gemahlin.

Nachstehend geben wir die Abstammung beider Majestäten von Konrad von Wettin:

Kaiser Wilhelm II. verm. 27. Febr. 1881 mit Kaiserin Augusta Victoria
geb. 27. Januar 1859.   geb. 22. Ottober 1858.

Kaiserin Friedrich, Victoria,   Herzogin von Schleswig-Holstein-
geb. Prinzessin von Großbritannien,   Sonderburg-Augustenburg Adelheid,
geb. 21. Nov. 1840.   geb. 20. Juli 1835.

Prinz-Consort von Großbritannien,   Prinzessin von Leiningen, Feodora
Albert, Herzog von Sachsen,   † 1872.
† 1861.

Herzog von Sachsen Coburg-Gotha   Herzogin von Kent, Marie Luise
Ernst I.,   Victoria, verwitwete Fürstin Emich
† 1844.   Karl von Leiningen, geb. Prinzessin
    von Sachsen-Coburg-Saalfeld,
    † 1861.

Herzog von Coburg-Saalfeld Franz Friedrich Anton, gestorben 1809.
Herzog von Coburg-Saalfeld Ernst Friedrich, † 1800.
Herzog von Coburg-Saalfeld Franz Josias, † 1764.
Herzog von Coburg-Saalfeld Johann Ernst, † 1729.
Herzog von Gotha-Altenburg Ernst der Fromme, † 1675.
Herzog von Weimar Johann, † 1605.
Herzog von Weimar Johann Wilhelm, † 1573.
Kurfürst von Sachsen Johann Friedrich der Großmütige, † 1553.
Kurfürst von Sachsen Johann der Beständige, † 1562.
Kurfürst von Sachsen Ernst (Stifter der Ernestinischen Linie), † 1486.
Kurfürst von Sachsen Friedrich II. der Sanftmütige, † 1464.
Kurfürst Friedrich I. der Streitbare (erster Kurfürst von Sachsen 1423), † 1428.
Markgraf der Ostmark Friedrich III. der Strenge, † 1381.
Markgraf von Meißen Friedrich II. der Ernste, † 1349.
Pfalzgraf von Sachsen Friedrich I. der Gebissene, † 1324.
Albrecht II. der Unartige von Thüringen, † 1314, verm. mit Margareta von Hohenstaufen, bekommt das Pleißner Land.
Markgraf Heinrich I. der Erlauchte, † 1288. (Landgraf von Thüringen, 1247.)
Dietrich der Bedrängte von Weißenfels, Landsberg, Niederlausitz, † 1221, verm. mit Jutta Landgräfin von Thüringen, Schwester des Heinrich Raspe.
Markgraf von Meißen Otto der Reiche, † 1190.

Konrad I. Graf von Wettin
1130 Markgraf von Meißen, 1136 auch Markgraf der Ostmark, starb 1136.